KB109861

인생 성공의 열쇠를 찾는
군 생활 비법

인생 성공의 열쇠를 찾는
군 생활 비법

발행일　　2018년 10월 5일

지은이　　김 상 우
펴낸이　　손 형 국
펴낸곳　　(주)북랩
편집인　　선일영　　　　　　　　　　　　　편집　　오경진, 권혁신, 최승헌, 최예은, 김경무
디자인　　이현수, 김민하, 한수희, 김윤주, 허지혜　제작　　박기성, 황동현, 구성우, 정성배
마케팅　　김회란, 박진관, 조하라
출판등록　2004. 12. 1(제2012-000051호)
주소　　　서울시 금천구 가산디지털 1로 168, 우림라이온스밸리 B동 B113, 114호
홈페이지　www.book.co.kr
전화번호　(02)2026-5777　　　　　　　　　　　팩스　　(02)2026-5747

ISBN　　979-11-6299-346-0 03190(종이책)　　　979-11-6299-347-7 05190(전자책)

이 도서의 국립중앙도서관 출판예정도서목록(CIP)은 서지정보유통지원시스템 홈페이지(http://seoji.nl.go.kr)와
국가자료공동목록시스템(http://www.nl.go.kr/kolisnet)에서 이용하실 수 있습니다.
(CIP제어번호: CIP2018030749)

(주)북랩 성공출판의 파트너

북랩 홈페이지와 패밀리 사이트에서 다양한 출판 솔루션을 만나 보세요!

홈페이지 book.co.kr　•　**블로그** blog.naver.com/essaybook　•　**원고모집** book@book.co.kr

한 예비역 병장의 개념 있는 군 생활 지침서

인생 성공의 열쇠를 찾는
군 생활 비법

김상우 지음

북랩 book Lab

CONTENTS

I

들어가면서

인생 성공의 열쇠를 찾는
군 생활 비법

대한민국에서 태어난 건강한 신체를 가진 젊은 남자라면 사회적으로 큰 변화가 없는 한, 약 1년 9개월에서 2년까지 육군, 공군, 해군부터 특전사, 공익, 상근까지 다양한 모습으로 병역의 의무를 이행해야 한다.

　내가 방금 말한 이 전제는 현재 글을 쓰고 있는 나 자신과 나의 아버지, 더 나아가서 나의 친구들까지 전부 적용되는 전제다. 아마 이 글을 읽고 있는 독자 또한 마찬가지일 거라고 생각한다. 아니, 확신한다.

　현재 글을 쓰고 있는 나는 사회의 길거리에서 흔하게 볼 수 있는 20대의 대학생이다. 이 글을 읽는 그 어떤 독자보다 사회적으로나 신체적으로나 더 잘났다고 할 수는 없지만, 적어도 이 책에서 다루려고 하는 군 생활과, 군 생활 도중 할 수 있는 자기 계발 분야에서는 평균 이상의 결과를 얻었다고 자부할 수 있다.

　나는 군 생활을 육군으로 복무하였으며, 최전방 GOP(General Outpost)에서 21개월, 즉 1년 9개월 동안 복무했다. 그리고 그 1년 9개월 동안 자기 계발 활동을 꾸준히 했다. 자기 계발을 꾸준히 하면서, 내 행동을 바라보는 다양한 시선을 가진 많은 선·후임들을 보았다.

내가 자기 계발 활동 중의 하나인 '독서'를 할 때마다, 옆에서 관심을 가지고 쳐다보며 어떤 책을 읽고 있냐고 물어보지만 결국 시도는 하지 않던 선임들과, 군대에서 공부하는 것이 기특하다고 칭찬은 해 주지만 역시 시도는 하지 않던 선임들, 나에게 자극을 받아 책을 조금이라도 읽기 시작한 선임들, 내가 책을 읽을 때 자기 계발하는 법을 물어보면서 따라다니던 후임까지 참으로 많은 사람을 보았다.

나는 이 책을 읽는 독자, 즉 당신도 흥미를 느끼고 책을 읽었지만 실천하지 않는 선임보다는, 조금이라도 실천하고 조금씩 변해가는 선임이 되었으면 하는 바람으로 이 책을 쓰기로 결심했다.

이 책은 총 6장으로 구성되어 있다. 첫 장인 1장은 내가 군대에 입대하게 된 매우 가벼운 이야기다. 이 책의 주 내용을 담고 있는 2장은 내가 군대에서 해 왔던 자기 계발의 종류와 그러한 자기 계발을 하는 데 있어서 경험적인 팁들과 조언을 적어 놓았다. 솔직하게 말하자면, 이 책의 주요 내용만 빠르게 읽고 싶다면 2장만 읽어도 무방하다고 본다. 그다음으로 3장에서는 내가 군 생활을 하면서 느낀 것들을 적어 놓았는데, 아마 군 생활을 많이 한 상병이나 병장이라면 3장에 적혀 있는 말에 대해서 많이 공감할 것이다. 누구나 한 번쯤 꼭 하게 되는 생각이라고 여기며 읽어 줬으면 한다. 다음으로 4장에서는 내가 군대에서 만난 선임, 후임, 동기들을 보며 느낀 것을 적어 놓았는데, 독자 여러분이 4장을 읽고 자신이 군 생활을 어떻게 하고 있는지 깨달았으면 하는 마음에서 해당 내용을 간략하게 적어 보았다. 5장에서는 군대를 전역한 지금 시점에서 군대에 대해서 생각나는 것을 적었다. 현역 군인이라면 꼭 읽어 보기를 바란다. 마지막 6장은 후기다. 이 책은 이렇게 6장으로 구성되어 있다. 비록 이 책을 쓰고 있는 본인 또한 나이도 많이 어린 편이며, 아직 많이 미숙하지만, 이 책을 읽는 사람이 책을 통해 조금이나마 변화하기를 바라며 책을 써 보았다.

1. 입대하다

2015년 1월 27일.

아주 두꺼운 패딩을 입었지만, 짧게 잘린 머리 위로 찬 바람이 불어와 무척이나 머리가 시려서 벌벌 떨었던 그날, 나는 분 소대 전투병이라는 직책으로 춘천의 102보충대에 입대하게 되었다.

벌써 내가 입대한 지 몇 년이나 지났지만, 아직도 그날이 생생히 기억난다. 자랑스러운 티를 내면서 전역 복을 입고 있는 사람들부터 많은 친구와 많은 부모님, 그리고 머리를 짧게 자른 내 또래의 수많은 남자까지, 여러 사람이 모여 많은 소리가 오고 갔던 102보충대에서의 입대날이었다.

사실 나는 원래 GOP나 GP 등 최전선에 투입되는, '최전방수호병'이라 불리는 '분 소대 전투병'에 지원을 할 수 없는 신체 조건을 가지고 있었다.

내가 분 소대 전투병에 지원할 당시에는 지원 대상의 몸무게 제한이 60kg이었다. 그러나 지원 당시 내 몸무게는 53kg으로 무려 7kg이나 부족하였고, 이러한 점이 내 발목을 잡았다.

그렇게 내가 군대에 지원한 것도 잊을 때쯤 1차 합격 결과가 나왔는데, 신기하게도 나는 1차 합격에 붙었다. 하지만 그다음이 문제였다. 바로 몸무게를 증명할 서류나 사진을 제출하라는 문자가 병무청으로부터 온 것이다.

병무청에서 제시한 기간은 약 3일 정도였고, 나는 몸무게를 최대한 불리기로 작정을 하고 무작정 먹어 대기로 했다.

남들은 일반병으로 빠져서 후방에서 군 생활을 하는 것이 어떻겠냐고 제안했지만, 나는 꼭 GOP에서 군 생활을 해 보고 싶었기 때문에 누구의 말도 들리지 않았다.

그렇게 몸무게를 증명해야 할 날이 금방 다가왔다. 집에서 몸무게를 재 봤는데, 그렇게나 노력했음에도 불구하고 내 몸무게는 고작 1kg이 더 찐 54kg이었다.

시간은 가고 있었고, 내 몸무게는 기준에 비해 무려 6kg이나 부족했다. 약 3시간 안에 6kg을 찌우는 건 말 그대로 불가능했다.

결국 나는 집 앞의 체육사에서 3kg짜리 모래주머니 2개를 구매해서 양 발목에 착용한 뒤, 바지로 이것을 안 보이게 덮고 몸무게를 재어, 최종 무게 60.2kg으로 다소 비양심적인 짓을 하고 나서야 입대할 수 있게 되었다.

물론 전역하고 난 뒤인 지금에 와서는 이 황당한 이야기를 술안주 삼아 친구들과 얘기하고는 하지만, 그 당시 나에게 있어서 이 사건은 정말 심각하고 웃지 못할 사건 중의 하나였다.

사실 나의 아버지는 〈아저씨〉라는 영화에서 주연 배우 원빈이 연기했던 캐릭터가 나온 부대 출신으로, 꽤 위험한 부대를 나오셨다.

그로 인해 나는 중학교 때부터 아버지에게 군대 이야기를 듣고 자랐으며, 그 영향 때문인지 강한 부대에 가고 싶다는 생각을 항상 가지고 있었다.

　해병대나 특전사는 체격이 좋지 않아 갈 수 없었고, 결국 내가 선택할 수 있는 부대 중 가장 힘든 부대는 GOP 부대였다. 나는 GOP 부대에 입대하기 위해 온갖 힘을 써서 결국 성공할 수 있었다.

　본론으로 돌아오자면, 나는 그렇게 102보충대에서 강원도 인제에 있는 12사단으로 배치를 받게 되었다. 그렇게 나의 군 생활은 막 시작되었다.

　지금 군대에 있어서 불행하다고 생각하는 사람들에게 한마디만 해 주고 싶다.

　이 글을 쓰고 있는 나는 군대에 꼭 가 보고 싶어서 모래주머니를 사면서까지 입대했고, 의외로 군대는 그렇게 안 좋은 곳은 아니었다.

　그럼 지금부터 그 내용에 관해서 이야기하겠다.

미필들을 위한 설명서

이 책을 읽는 독자가 꼭 현역 군인이라는 법은 없다. 뭐, 입대를 앞둔 불쌍한 영혼이거나, 그 불쌍한 영혼을 기다리려고 하는 자칭 고무신(군인 남자 친구를 둔 여자 친구)이거나, 아니면 군 생활을 하는 아들에게 책을 추천해 주기 위해 이 책을 읽고 있는 부모님이시거나, 이렇게 많은 사람이 이 책을 읽을 수 있다고 생각한다.

내가 이 책을 쓰면서 생각해 보았을 때, 그중 가장 많이 읽을 것 같은 사람들은 역시 현역 군인이거나, 입대를 준비하는 사람들일 것이다. 이번 장에서는 현역 군인보다는 입대를 준비하는 미필들을 위해서 조그마한 팁을 알려 주고자 한다.

입대 시 준비물로 좋은 것을 뭐가 있을까?

① 야광 기능이 있는 전자시계

입대할 때 필수적으로 가지고 가야 할 것 중 하나다. 야광 기능이 있어야 밤늦게까지 훈련을 받아도 시간을 알 수 있다. 또한, 군대에서는 시간이 생명이기 때문에 시계는 꼭 필요하다.

② 라이트 펜

훈련병도 훈련을 받으면서 불침번을 선다. 물론 군대에 가면 휴대용 손전등을 보급해 주지만, 그 불빛은 너무 밝은 편이라서 주변 훈련병들을 깨울 수 있으며, 손전등을 항상 챙기는 것도 꽤 성가시다. 반면 라이트 펜은 불빛의 세기도 적당하고 불을 켠 상태에서 무언가를 적을 수 있어, 불침번을 설 때 정말 유용하게 쓸 수 있다.

③ 우표 수십 장

훈련병 때는 전화를 사용하는 데 큰 제약을 받는다. 하지만 편지 봉투와 편지지만 있다면 편지를 쓰는 것은 얼마든지 가능하다. 물론 편지 봉투를 그냥 발송할 수 있는 것은 아니다. 당연히 우표가 있어야 한다. 만약 훈련소에 우표를 몇만 원어치 가져간다면 그 훈련소의 인기인이 되는 것은 시간문제다.

④ 여자 친구 사진

물론 '여자 친구가 존재한다면'이라는 사항이 전제다. 더 이상의 자세한 설명은 하지 않겠다.

⑤ 휴지

군대에서는 휴지를 보급해 주기는 한다. 한 달에 한 롤, 혹은 2주일에 한 롤 정도를 보급해 주는데, 훈련병 때에는 휴지를 구할 수 있는 곳이 전혀 없고 오로지 보급으로 나오는 휴지에만 의지해야 한다. 생각해 보면 휴지를 사용하는 곳은 다양하다. 무조건 용변 처리에만 사용하는 것이 아니라, 갑작스럽게 재채기를 하게 되어 침을 닦아야 하거나, 종이에 베였을 때 지혈하기 위해서라던지 등 휴지는 다양한 상황에서 사용할 수 있다. 또한, 휴지를 많이 사용하는 훈련병에게 휴지를 빌려주면, 영웅이 될 수도 있다.

⑥ 공책

훈련병 생활을 하면, 꽤 많은 시간을 지루하게 보내게 된다. 대부분의 훈련병은 주말에는 아무것도 하지 않고, 일과 시간이 끝나도 아무것도 하지 않는다. 거의 멍 때리는 시간이 많은데, 그럴 때 넋 놓고 시간을 허비하지 말고, 차라리 그림 연습이라도 하라는 의미에서 공책을 가져가는 것을 추천한다. 적어도 없는 것보다는 훨씬 낫다.

그렇다면 입대 시 가지고 갈 필요가 없는 물건은 무엇이 있을까?

① 샤워 도구들

입대할 때에 샴푸나 린스, 세안 도구 등을 챙겨 가는 예비 훈련병들이 많다. 부대마다 다르겠지만, 내가 나온 부대에서는 이런 물품을 모두 압수해 갔다. 사유인즉슨 훈련을 받다가 샴푸나 린스 같은 것을 마시고 자살 시도를 할 수 있다는 판단하에 걷어갔다고 한다. 물론 쉽사리 이해가 되는 사유는 아니다.

② 돈

만약 수료식 날 부모님이나 여자 친구가 꼭 온다고 한다면 돈을 챙겨갈
필요는 전혀 없다. 훈련병 생활을 할 때는 돈을 사용할 일이 전혀 없기 때
문이다.

아주 간단한 것만 설명했다. 혹여라도 핸드폰을 가져가는 사람은 없을 것으
로 생각했기 때문에 그 부분은 언급하지 않았다. 웬만하면 여기서 언급한 것
들만 가져가고, 언급하지 않은 것은 가져가지 않도록 하자. 괜히 가져갔다가 일
만 더 생길 수도 있다.

II

군대에서 한 것들

인생 성공의 열쇠를 찾는
군 생활 비법

암울하지만, 누구나 알고 있는 상당히 사실적인 이야기를 하려고 한다. 군대에서 생활해야 하는 기간은 누가 보아도 매우 길다. 물론 군 복무 기간은 시간이 지날수록 단축되는 방향으로 나아가고 있지만, 지금 우리나라의 출산율이나 군인 수 등을 고려한다면 군 복무 기간 단축에는 어느 정도 한계치가 있으리라고 예상한다.

만약, 군 복무 기간이 서서히 줄어들어 1년으로 기간이 줄어들었다고 가정해 보자. 내가 군 생활했던 기간은 대략 21개월로, 일수로 따지자면 638일이었는데 이는 나에게 638일 동안 자기 계발할 시간이 주어진 것이라고 말할 수도 있다. 만약 군 복무 기간이 줄어들어 365일이라는 시간으로 변해도 자기 계발을 할 수 있는 시간은 최대 365일로, 그 시간은 매우 충분하다.

물론 휴가나 훈련 등을 제외하면 나에게 직접적으로 주어지는 자유 시간은 그렇게 많지 않겠지만, 그 시간을 어떻게 활용하느냐에 따라서 군 생활을 잘했는지, 못했는지 여부가 판가름 난다.

결론적으로 내가 여기서 하고 싶은 말을 정리하자면, 군 복무 기간은 아무리 줄어들어도 1년 이하로 줄어들 가능성은 없다는 것이다. 또한, 그 시간은 모든 군인에게 동일하게 적용되기 때문에 시간이 없다는 핑계는 절대로 통하지 않는다는 것이다.

똑같이 1년 동안 복무해도 자기 계발을 탄탄히 해서 전역하는 사람이 있는가 하면, 1년 동안 PX(군 매점)에 다니거나 사이버 지식 정보방(군부대 내의 컴퓨터 이용 시설)에만 다녀서 입대 전에 비해 아무것도 변한 것이 없는 사람도 있다.

그런데, 신기하게도 두 사람 모두 다 시간이 없었다고 말한다는 공통점을 가지고 있다.

나는 이 책을 읽는 사람들에게 자기 계발을 하는 가이드라인을 제시해 주고 싶다는 생각으로 이 책을 쓰고 있다.

자기 계발을 하고 싶은데 어떠한 방식으로 자기 계발을 계획하고 시행해야 할지 모르겠다면, 이 책에 적혀 있는 방법들을 참고해서 실행에 옮기는 것을 추천하고 싶다.

상병, 병장이라고 해서 절대 늦은 것은 아니다. 조금이라도 전역일까지 시간이 많이 남았을 때 빨리 실천하는 것이 더 나을 것이다.

"시간이 없어서 못 했다."라는 말을 어떤 의미로 할지는 지금 이 책을 읽고 있는 독자인 당신이 선택할 문제다.

1. 책 100권 읽기

    내가 훈련소에서 자대로 전입을 가게 되자마자 가장 먼저 계획했던 것은 100권의 책을 읽어 보자는 것이었다. 아마 군대에 있는 모든 장병이 한 번쯤은 생각해 보고, 계획도 하지만 쉽게 실천할 수는 없는 그런 계획일 것이다.

    아마 이 책을 읽고 있는 사람이 현역 군인이라면 이 말에 공감하고 있을지도 모른다.

    하지만 그래도 이 계획은 누구나 쉽게 생각할 수 있는 간단한 계획이고, 약간의 끈기만 있다면 가장 쉽게 달성할 수 있는 계획이라는 것은 변하지 않는 사실이다.

    잠시 입대 전보다 더 옛날로 돌아가 생각해 보자. 어렸을 때부터 우리는 부모님과 선생님들에게 항상 책을 읽으라고 강요받고, 그로 인해 삶에 있어서 독서의 가치를 모두가 깊이 인식하는 사회에서 살아가고 있다.

    책에 대한 인식은 우리 사회의 여러 곳에서도 쉽게 찾아볼 수 있다. 예를 들자면, TV 프로그램에서도 책을 읽어야 좋다는 내용이 항상 방영되고, 우리가 일상생활에서 자주 접하는 '페이스북(Facebook)'이나 '트위터(Twitter)' 같은 소셜 네트워크 서비스(Social Network Service, SNS)에서도 좋은 책을 소개하는 글을 심심치 않게 볼 수 있다. 그러면 여기서 독자 여러분께 질문을 던져 보겠다.

첫째, 앞서 내가 했던 말들에 대해 여러분은 공감하는가?

둘째, 공감한다면, 왜 책을 읽지 않는가?

만약, 첫 번째 질문에 공감하지 않는다고 대답하고 싶다면, 과감하게 이 책을 덮고 사이버 지식 정보방에 가서 '리그오브레전드(온라인 게임의 일종)' 관련 방송이나 자신이 좋아하는 유튜버, BJ들의 방송이나 보고 오길 바란다. 첫 번째 질문조차 공감하지 않는 사람에게는 딱히 이 책에서 나오는 자기 계발을 강요하고 싶은 생각이 없다.

만약 첫 번째 질문에 공감하는 독자라면 두 번째 질문인 "왜 책을 읽지 않는가?"라는 질문에 많은 대답을 할 수 있다고 생각한다.

대부분이 읽지 못한 것에 대한 이유일 것이다. 예를 들면 "잦은 훈련 때문에" 혹은 "근무 시간 때문에" 등, 주로 시간과 관련된 이야기만 주구장창 나올 것 같다는 생각이 든다.

그렇다면 이제부터 내가 어떻게 군 생활 기간 동안 124권의 책을 읽었는지, 그 방법을 이야기해 보고자 한다.

1) 책 읽는 시간을 정해라

책 읽는 시간을 정하라는 첫 번째 계획은 너무도 간단하고 명료한 원칙이다. 책을 읽으려고 한다면 책을 읽는 시간을 정해야 한다. 하지만 이 말을 오해하는 사람들이 많다.

내가 말하는 '책 읽는 시간'은 '근무 시간 15분 전', 혹은 '아침에 일어나서 점호 나가기 전'과 같이 말도 안 되고 피곤한, 그런 이야기가 절대 아니라는 것을 먼저 염두에 두고 읽어 주었으면 한다.

물론 근무 시간 15분 전에 일어나 책을 읽거나 기상 시간에 재빨리 일어나 침상을 다 정리하고 전투복을 입고 여유시간이 생겨 책을 읽는 그런 위대한 습관을 만드는 것은 좋다. 그런 사람은 아마 엄청난 성공을 하게 될 것이지만, 나는 아직 살면서 실제로 그런 사람을 본 적도 없고, 만약 있다 해도 그렇게까지 해야 하나 싶을 정도로 너무 과하다고 느껴진다.

그렇다면 책을 읽는 시간은 언제가 좋을지 생각해 보자.

내가 첫 번째로 추천하는 시간은 주말이다.

2016년도에 큰 히트를 했던 〈태양의 후예〉라는 드라마가 있다. 드라마 〈태양의 후예〉는 내가 상병일 때, 한참 자기 계발에 몰두하고 있었을 때 방영했던 드라마로, 주말만 되면 모든 생활관에서 〈태양의 후예〉를 다시 보기 하느라 바빴다.

하지만 모두가 생활관에 둘러앉아 〈태양의 후예〉를 보면서 주말을 보내고 있을 때, 나는 생활관 구석에서 책상을 펴고 그 위에 작은 스탠드를 하나 켜 놓고 책 읽기에 몰두했다.

내가 여기서 말하고자 하는 것은, 주말 동안 드라마 감상이나 개인적인 휴식을 취하지 말고 주말 내내 책만 읽으라는 소리는 아니다. 주말에 책을 읽다가 피곤해지면 한숨 자고, 사이버 지식 정보방에도 다녀오고 하면서 책을 읽으면 된다.

그렇다면, 이를 시간을 통해 계산해 보도록 하자. 대략 주말에는 7시에 기상해서 22시에 취침한다고 가정하면, 하루에 15시간의 자유 시간이 생긴다는 것을 알 수 있다. 이 중에서 꼭 필요한 시간인 씻는 시간, 밥 먹는 시간, 점호 시간 등은 최대한 크게 합쳐서 5시간으로 생각하고, 그 시간을 제외해 보자. 그래도 하루에 10시간이라는 긴 자유 시간이 있고, 토요일과 일요일, 이틀 동안의 주말을 다 합치면 주말에는 총 20시간의 자유 시간이 생긴다는 답을 얻을 수 있다.

주말 자유 시간이 20시간이면, 그중 사이버 지식 정보방에 가거나 드라마를 보거나 PX에 다녀와도 이틀 동안 약 15시간 이상의 자유 시간이 남는다. 15시간이면 아무리 느리게 책을 읽어도 한 권을 다 읽고도 3시간은 남는 시간이다. 오래전부터 독서에 습관이 들어 조금 더 빠르게 읽을 수 있다면 주말에 책을 2권까지 읽을 수도 있다.

그럼 더 큰 범주로 계산해 보자. 1년 동안 군 생활을 한다고 가정하면 총 51번의 주말을 보내게 된다. 그렇다면 주말에 책을 1권에서 1.5권씩만 읽어도 1년 동안 무려 51권에서 76권의 책을 읽을 수 있게 된다.

다음으로, 내가 두 번째로 추천하는 시간은 취침 점호 시간이다. 물론, 취침 점호 시간에 책을 읽는 것은 마음씨가 좋은 분대장이 있는 생활관에 있거나, 책을 읽는 사람이 어느 정도 짬이 있어야 한다는 전제 조건이 있다. 그래도 내 경험에 비추어 보면 책을 읽는 것을 혼내는 융통성이 없는 분대장은 거의 없다고 생각된다.

군대에서는 취침 점호를 할 때는 해당 대대나 중대의 당직 사관이 모든 생활관을 돌면서 인원을 확인하고 생활관을 점검한다. 이 시간은 생각보다 꽤 길다. 짧게는 10분에서 길게는 30분까지 소모될 수 있는 이 아까운 시간에 그저 앉아서 멍을 때리거나 조용히 눈치를 보면서 떠드는 것보다 책을 한두 페이지라도 더 읽는 것이 훨씬 가치 있게 시간을 보내는 일이라고 생각된다. 우리나라 속담 중에 "티끌 모아 태산이다."라는 말이 있듯이, 이 점호 시간을 이용해서 그날 다 읽지 못했던 책을 다 읽게 된다면 뿌듯한 기분으로 잠을 잘 수 있을 것이다.

마지막으로 내가 추천하는 시간은 용변을 보는 시간이다. 물론 내가 설명하는 '용변 보는 시간'에서의 용변은 소변이 아닌 대변이다. 과학적으로 증명된 사실에 의하면, 용변을 보면서 책을 읽는 습관은 나중에 치질이나 변비, 기타 항문 질환을 유발할 가능성이 있다고 하지만, 우리는 그런 것을 따질 시간도, 여유도 없다. 책을 읽어야 하기 때문이다.

용변을 보면서 책을 읽으면 의외로 많은 페이지를 읽을 수 있다. 화장실의 변기가 있는 칸은 양옆이 칸막이로 막혀 있는 공간이기 때문에 그 누구에게도 방해받지 않을 수 있고, 혼자만의 공간이 생겨 오히려 집중이 잘된다. 그 때문에 사람이 많은 생활관이나 이유는 모르지만 그냥 집중이 되지 않는 병영 도서관에서 읽는 것보다도 더 많은 내용에 집중하면서 읽을 수 있게 되는 것이다.

용변을 보면서 재밌는 책을 읽고 있으면 어느새 20분, 30분이 지난 것을 깨닫게 될 수도 있을 것이고 그러한 경험을 한 번이라도 하게 된다면 의외로 뿌듯한 느낌을 받을 수 있을 것이다.

하지만, 화장실에 너무 오래 있으면 선임과 후임들에게 이상한 오해를 받을 수 있으니 조심하는 것도 잊지 말자.

이러한 시간을 모으고 모으면 누구나 군 생활 동안 100권 이상의 책을 충분히 읽을 수 있다고 생각한다.

암울한 얘기지만 군 복무 기간은 정말 길다. 하지만, 이를 긍정적으로 생각해 보면 그 때문에 누구나 책을 100권 읽을 기회가 생기는 것으로도 생각할 수 있다.

2) 쉬운 책부터 시작해라

자. 책을 읽을 시간을 정했고, 개인적으로 책을 읽기로 결정했다면, 이제부터는 읽을 책을 정해야 한다. 하지만, 막상 읽을 책을 고르려고 하면, 무슨 책으로 시작해야 할지 막막한 경우가 많다.

책을 읽는 것이 막막하게 느껴지는 이유는 여러 가지가 있다. 먼저, '읽고 싶은 책이 너무 많아서'라는 긍정적인 이유가 있으며, 어떤 경우에는 '정말 읽고 싶은 책이 없고,' '책을 펼쳐본 적이 없어서' 등 수많은 기특한 이유와 이상한 이유가 있다. 그래도 모두에게 내가 하고자 하는 말은 같다. 책을 읽으려면 쉬운 책부터 시작해야 한다.

만약 책을 읽으려고 다짐을 하고 막사 내에 있는 북 카페에 가서 책을 쭉 둘러본다고 가정해 보자. 북 카페 내부에는 평소에 어디선가 들어 보았던 유명한 책들이 많이 있을 것이다. 예를 들면 베르나르 베르베르의 『파피용』, 『신』, 『개미』, 무라카미 하루키의 『잠』, 『1Q84』, 하퍼 리의 『앵무새 죽이기』 등의 유명 소설에서부터 『시크릿』, 『보랏빛 소가 온다』 등의 유명한 자기계발서, 또한 『정의란 무엇인가』와 같은 어려운 책까지, 웬만한 유명 서적들이 쭉 서가에 꽂혀 있을 것이다.

만약 북 카페에 평소에 읽고 싶었던 책이 있다면 그 책들을 전부 모아놓은 뒤, 그중에서 가장 쉬워 보이는 책, 즉 가장 얇은 책을 골라서 먼저 읽으면 된다. 하지만, 만약 평소 읽어 보고 싶었던 책이 없다면, 한번 북 카페 내부에 있는 책들의 제목을 쭉 훑어본 뒤에 제목이 끌리는 책들을 모아서, 그 책들 중 가장 얇은 책을 먼저 읽는 것을 추천한다.

얇은 책, 즉 쉬운 책부터 읽어야 하는 이유는 간단하다. 책이 너무 두꺼우면 처음부터 겁이 나서 읽기가 싫어지고, 괜히 책을 보기만 해도 답답해지는 심리 상태가 되어 금방 포기하게 되고, 그로 인하여 집중력도 떨어져 버리기 때문이다.

하지만 내가 추천하는 대로 얇은 책, 즉 쉬운 책을 먼저 읽게 된다면, 책을 다 읽었다는 성취감으로 인하여 자신감이 생기게 되고, 이로 인해 책에 대한 흥미가 자연스럽게 생기게 될 것이다.

또한, 자연스럽게 흥미가 생기면 다른 새로운 영역에 흥미가 생기고, 이로 인하여 점점 두꺼운 책에도 흥미가 생기게 된다. 그래서 책을 펼쳐 보았을 때 그 두께가 무섭지 않게 되고, 책을 읽는 시간도 빨라져 점점 가속도가 붙게 되는 그런 연쇄 작용이 일어나게 되는 것이다. 물론, 이 이론은 과학적으로 증명된 것이 아니라 내가 새운 가설이지만, 한 명 중 한 명이 그런 식으로 책을 읽어서 100권 이상의 책을 읽었으니 통계학적으로 보았을 때 무려 100%의 성공률이다!

생각해 보면, 얇고 쉬운 책이라고 해서 나쁘고 유익하지 않은 책은 아니다. 얇은 책이라고 유익하지 않다는 편견은 누가 만든 것인지는 몰라도, 정말 말도 안 되는 편견이다. 그 예로, 『누가 내 치즈를 옮겼을까?』라는 스펜서 존슨의 책은 정말 얇고 이해하기 쉽지만 아직까지 전 세계의 사람들에게 영향을 끼치는 책이며, 케이트 디카밀로의 『에드워드 툴레인의 신비한 모험』이라는 책 또한 얇고 쉽지만, 독자의 감성적인 측면을 충분히 자극하는 유익한 책이다. 내용 또한 예쁘다는 표현으로밖에 표현할 수 없는 그런 소설책이다.

사람들은 유명하지 않거나, 얇은 책을 읽는 사람을 보면 부정적인 시각을 가지고 그 사람을 평가하는 경향을 보인다. 예를 들면 '무슨 저런 책을 읽어?' 혹은 '저런 얇은 책은 책도 아니지' 등과 같이 말이다. 물론 내 경험담이다. 하지만 상관없다. 저렇게 말하는 사람들은 책을 읽지 않는 사람들일 확률이 매우 높다.

다시 한번 정리해서 말하자면, 군이 어려운 책으로 독서를 시작할 필요는 없다. '나 두껍고 어려운 책 읽어요'라는 느낌을 내기 위해 군이 처음부터 『정의란 무엇인가』를 빌려서 읽을 필요는 전혀 없다.

이 세상에는 정말 쉽고 유익한 책도 얼마든지 많다. 또한 얇은 책을 읽고도 수많은 것을 깨닫고 느낄 수 있다. 군대에서 책을 많이 읽고 싶다면 두꺼운 책에 대한 환상을 깨고 독서를 시작해야 한다. 물론 그렇다고 두꺼운 책이 무조건 나쁘고 시간을 잡아먹는다는 것은 아니다. 쉬운 책으로 시작해서 자신감이 붙으면 그때 어려운 책을 읽어도 상관없다는 뜻이다. 그렇다고 『아기 돼지

삼 형제』,『콩쥐팥쥐전』과 같은 책을 읽고 한 권을 읽었다고 체크하는 그러한 비양심적인 행동은 하지 않을 것이라고 믿는다.

다시 한번 정리하면, 쉬운 책부터 시작해야 한다.

3) 굳이 자신에게 유익한 책만 찾지 마라

그럼 이제, 내가 앞에서 했던 말과는 다른 말을 해 보려고 한다.

이 소제목을 읽은 사람이라면 의아해하리라 생각한다. 계속해서 책을 많이 읽으라고 강요해 왔는데, 갑자기 유익한 책만을 찾지 말라고 했기 때문이다. 물론, 모든 책은 누군가에게는 유익한 책이며, 그로 인해 세상에 나온 것임은 틀림없다. 여기서 내가 말하고자 하는 것의 핵심은 '자신에게'라는 단어다. 그 예시를 들어보겠다. 현재 나는 언어재활과에서 공부하고 있는데, 이런 내게 갑자기 책을 읽고 독후감을 써서 강의 시간에 발표해야 하는 상황이 생겼다고 가정해 보자.

그러면 나는 어떤 책을 읽어야 유익할까?

많은 사람이 현재 공부하고 있는 '언어재활'과 관련된 책을 추천해 주겠지만, 나는 '언어재활'과 관련된 책을 추천하지 않을 것이다. 이 가정은 실제로 이 책을 쓰기 일주일 전에 나에게 있었던 일이었다. 대학교 과제 중 책을 읽고 다른 사람들 앞에서 책의 내용을 담은 독후감을 발표해야 하는 과제가 있었는데, 다른 사람들이 차분하거나 감성적이거나 유명한 책을 읽고 독후감을 발표했을 때, 나는 지구를 멸망시키는 법에 대해서 다루는 과학책을 읽고 독후감을 적었으며, 정말 그 독후감을 남들 앞에서 발표하기까지 했다. 어떠한 책을 읽든지 괜찮다. 이상한 이론이 잔뜩 실려 있는 과학책을 읽어도 좋고, 조선 시대에 있었던 기괴한 일들을 적어놓은 역사와 관련된 책을 읽어도 좋다.

그렇다. 내가 이번 장에서 하고 싶은 말은 아주 간단하다. 책을 골라서 읽으려고 하지 말라는 것이다. 어떤 책이든 간에 책의 내용은 유익하다. 자신이 쓰고 있는 책에다가 자신이 어제 먹었던 저녁밥이나 내일 마트에 가서 살 재료들을 적는 이상한 작가는 없다. 책에 담긴 내용은 누군가에게는 분명 필요한 정보이며, 책은 항상 유익하다.

내가 군대에서 처음 책을 읽기 시작했을 때, 나는 내 전공과 관련된 책만을 찾으려고 했고, 그런 책들을 찾아서 읽기 시작했다.

하지만 그런 책의 내용은 거의 다 비슷했고, 내 전공과 비슷한 책을 찾는 것 또한 어려웠으며 그로 인하여 나는 책을 읽는 것에 대한 흥미도 점점 잃기 시작했다.

그때, 나는 내 전공과 상관없는 금융이나 경제에 관한 책을 읽기 시작했고, 그 책들은 후에 내가 전역을 하고 돈에 관련된 행동을 하거나 투자 같은 것을 할 때 큰 영향을 미치게 되었다.

책을 읽기로 마음을 먹었으면 굳이 책을 골라서 읽을 필요는 없다. 물론 전에 말했듯이 두꺼운 책은 약간의 반감을 품고 시작하길 바란다. "책을 읽으면 견문이 넓어진다."는 말이 있듯이, 다양한 영역의 지식을 습득한다면 전역을 하고 나서도 이를 꼭 사용하게 될 날이 올 것이다.

4) 시집, 만화책도 책이다

사실 '책'을 많이 읽었다고 하면 듣는 사람 중에서 열 명 중 아홉 명은 자기 계발서나 정보, 역사에 관한 책 등을 상상하고 대단하다고 치켜세워주겠지만, 사실 우리가 접할 수 있는 책의 종류는 너무나도 다양하다. 자기 계발서, 자서전, 소설, 정보를 담은 책, 만화책, 시집 등 책의 종류는 상상할 수 없을 정도로 다양하다.

사람들은 만화책과 시집을 읽는 것을 별로 좋게 생각하지 않는 경향이 있다. 물론『원피스』나『나루토』같은 '시간 보내기용'으로 읽을 만한 만화책을 보는 것은 아무리 생각해 봐도 유익하지 않은 게 분명하지만, 삼국지를 만화로 그렸다든가, 글로 표현하기 힘들고 많은 제약이 있는 히로시마 원폭 이후의 삶과 그 이후의 사람들의 심리 등을 생생히 표현한『맨발의 겐』과 같은 책은 만화책이지만 깊은 메시지를 전하는 유익한 만화책이다. 내가 말하는 만화책이란 바로 그런 만화책이다.

물론 이러한 만화책을 읽는 것은 좋지만, 이 만화책을 1권 읽고 1권을 읽었다고 그대로 기록하는 것은 너무 비양심적이라는 생각이 들어서 나는 만화책을 첫 권부터 마지막 권까지 전부 읽어야 한 권이라고 기록하는 나름의 양심적인 행동을 바탕으로 만화책을 읽어 나갔다.

그렇다면 짧은 시집은 어떠한가. 사실 입대 전에도 학생 시절에 한 달에 한 권 정도의 책을 꾸준히 읽었던 나였지만, 시집은 단 한 권도 읽어 본 적이 없었다. 시집은 책이 아니라는 이상한 고정관념이 내 머릿속에 자리 잡고 있었기 때문이다. 하지만 군 생활을 하면서 사이버 지식 정보방이나 TV 프로그램, 드라마 등에서 시에 관한 내용을 자주 접하게 되면서, 한 번 시집을 읽어 보게 되었다. 처음에는 시를 쭉 훑어보면서 아무 감흥을 느끼지 못하고 시집을 접으려고 했다. 하지만 그때, 한 편의 시가 갑자기 눈에 들어왔다. 오르텅스 블루의 〈사막〉이라는 시였다. 시의 내용은 사막을 걷던 어떤 이가 너무 외로워서 자기의 발자국을 보며 외로움을 덜 타려고 뒷걸음질을 쳤다는 내용의 시였다. 물론 미흡한 내 필력으로 인하여 이 시를 이렇게 소개하면 이 시에 대한 감흥이 별로 일어나지 않을 독자들도 있겠지만, 독자 여러분이 직접 이 시의 내용을 한 번 직접 훑어보면 헤어 나오기 힘들 것이라고 확신한다. 아무튼, 다시 한번 내용을 정리해 보자면, 만화책이나 시집을 읽는 것을 너무 부끄러워하지 말고 당당히 읽고 당당히 기록했으면 좋겠다는 것이다. 그렇다고 이 문장을 그대로 받아들여 『원피스』나 『나루토』 같은 딱히 유익하지 않은 만화책을 가져와서 독서라 치며 부끄럽게 읽은 뒤에, 비양심적으로 기록을 하는 행동은 하지 말았으면 한다. 물론 이와는 다르게 유익한 내용을 담고 있는 만화책이라면 얼마든지 읽고 기록해도 좋다. 비록 내용이 짧아도 시 안에 있는 내용을 이해하고 그 내용을 삶에 빗대어서 생각해 볼 수 있는 그런 시를 읽었다면 그 시집 또한 얼마든지 읽고 기록해도 좋다.

맨 앞에서 말했듯이, 어찌 되었든 간에 가장 중요한 건 실천이다.

5) 재미있는 책은 기억에 남는다

당연한 이야기이지만, 다 읽고 나면 여운이 남는 책이 있기 마련이다. 만약 책을 100권 이상 읽었는데도 단 한 권의 책도 여운이 남지 않았다면 그건 정말 안타까운 일이다.

만약 여운이 남는 책이 한 권이라도 생겼다면, 처음, 한 번 읽고 나서 전역하기 일주일 전쯤, 본인의 군 생활을 정리하는 시점에 한 번 더 읽어 보기를 꼭 추천한다.

내가 군대에서 읽은 많은 책 중에서 가장 재밌었고, 가장 여운이 남았던 책은 『스마트한 생각들』과 『세 명의 사기꾼』이라는 두 책이었다. 그중 『스마트한 생각들』이라는 책은 우리가 살아가면서 많이 겪게 되는 심리학적 요소들을 알기 쉽게 정리해 놓은 책으로, 예를 들면, 사람이 잘생기거나 예쁘게 생기면 공부를 잘하거나 일을 잘할 것이라고 판단해 버리는 후광효과, 수영을 해서 어깨가 넓어진 것이 아니라 어깨가 넓기 때문에 수영 선수가 된다는 수영 선수 몸매의 환상 등의 심리적 주제를 다루는 책이다.

두 번째로 가장 여운이 남았던 책은 『세 명의 사기꾼』이라는 책으로, 매우 반(反) 종교성이 강한 책이었다. 이 책은 아직까지도 많은 종교적 분쟁을 일으키는 책이라 이곳에서는 따로 언급하지 않겠다. 만약 책의 내용이 궁금하다면 한번 찾아서 읽어보길 바란다. 아마 기독교나 천주교의 종교를 가진 사람이 이 책을 읽는다면 적잖은 충격을 받을 수도 있다고 생각한다.

아무튼, 내가 이 책들을 예시로 들면서 설명해 주고 싶은 것이 하나 있다. 나는 이 책들을 거의 2~3번가량 읽었다는 것이다. 그것도 군대에서 책을 읽어서 진전을 내야 하는 상황에서도 나는 이 책들을 다시 한번 읽어 보았다.

결론적으로, 처음 읽었을 때와 두 번째로 읽었을 때, 그리고 세 번째로 읽었을 때 모두 느낌이 달랐다. 처음 읽었을 때는 그 책에 대한 재미가 남았다면, 두 번째 읽었을 때는 처음 읽었을 때 보지 못했던 숨겨져 있던 책의 내용들이 보였고, 세 번째 읽었을 때는 책의 내용 중에서 기억에 남는 것이 머릿속에 자리 잡아 책을 더 쉽게 이해할 수 있는 정도까지 이르렀다.

이 활동을 통해서 얻을 수 있는 것 중에서 가장 큰 것은, 직접 말로 하기는 그렇지만, '자랑'이다. 살면서 한 번쯤은 "어떤 책을 가장 좋아하나?", 혹은 "어떤 작가를 가장 좋아하나?"라는 질문을 받을 수 있다. 예를 들면, 나는 저번에 친구와 같이 길을 걷던 도중에 갑작스럽게 설문 조사를 받게 되었는데, 그 설문 조사의 내용은 앞서 언급했듯이, 좋아하는 책과 좋아하는 작가를 물어보는 간단한 설문 조사였다. 질문을 받은 내 친구는 대답하지 못했지만, 나는 그 설문 조사에 당당하게 가장 좋아하는 책은 『스마트한 생각들』이라고 답했으며, 가장 좋아하는 작가는 '요나스 요나손'이라고 대답할 수 있었다. 그리고 이러한 상황이 아니더라도 나중에 어디가서 책에 대한 얘기를 나눌 기회가 생겼을 때, 내가 좋아하는 책을 직접 추천하는 대화도 나눌 수 있을 것이다.

만약, 군대에서 읽은 책 중에 기억에 남는 한 권 이상의 책이 있다면, 지금 글을 쓰는 나처럼 전역 일주일 전이나 전역 후에 한번 책을 사서 다시 읽어 보는 것을 추천한다. 군대에서 책을 읽으며 생각했던 것과, 사회에서 책을 읽으면서 생각하는 것은 확연히 다르다는 것을 한번 느껴 보기 바란다.

'군대에서 내가 이 구절을 읽고 이런 생각을 했었구나'라는 이상한 감회에 젖을 수도 있을 것이다. 이렇듯, 자신이 재밌게 읽었던 책은 영원히 기억된다.

6) 책 100권 읽기, 그 후

그럼 이제, 그 결과를 말하려고 한다.

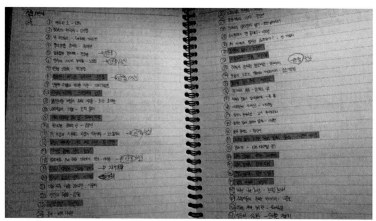

군 생활 동안 내가 읽었던 책을 따로 공책에다가 목록으로 적어 놓았다. 이 사진은 내가 읽은 정보/금융/역사 관련 서적들이며, 형광펜으로 표시된 책은 내가 재미있게 읽었던 책이라는 표시다

　나는 군 생활 동안 책을 다 읽을 때마다 '소중한 나의 병영 일기', 줄여서 '소나기'에 이를 기록했으며, 그 결과로는 소설 24권, 자기 계발/에세이 45권, 정보/역사 관련 책 51권, 만화책 4권, 모두 합쳐서 총 124권의 책을 읽었다. 덧붙여서 설명하자면 군 생활을 21개월로 가정하였을 때, 124권을 읽으려면 평균적으로 5일에 한 권을 읽어야 한다. 아무튼, 나는 이렇게 총 124권의 책을 읽어 나가면서 상당히 많은 부분에서 변화를 느꼈다.

먼저, 생각하는 것이 확연히 달라졌다. 입대 전에는 무언가를 생각할 때 기초 지식 없이 결과만 생각하는 성향을 가지고 있었는데, 책을 읽고 나서부터는 무언가를 생각할 때 원인부터 생각하여 천천히 따지고 들어가는 성격으로 변했다. 이러한 성격은 사회에 나가서 불이익을 당하지 않게 해 주었으며, 현재도 나에게 많은 도움을 주고 있다.

두 번째로, 확실히 입대 전에 비해서 똑똑해졌다. 솔직히 말하자면, 나는 고등학교 때 공부를 상상 이상으로 못했다. 아마 내가 책을 쓴다고 주변 사람들에게 말하면 비웃음만 사고 무시당할 정도로 공부를 못했다. 그러나 지금은 이렇게 책을 쓰는 것을 계획하고 실천할 만큼 똑똑해졌다.

아무튼, 입대 전에는 내가 '깨친 유리창 이론'이라든가 '꿀벌 이론', '스톡홀름 증후군' 등의 전문적인 심리학 용어들을 이해하거나 알 리 없었다.

또한 저기 저 멀리 중동 지역에 사는 사람들이 왜 세계 곳곳에 테러를 하는지 그 이유를 알지 못했다. 하지만, 책을 읽고 나서 심리적인 이론에 대해서 알게 되었고, 큰 관심을 가지게 되어 지금은 심리학에 관한 유튜브 채널도 만들어 잠깐 운영도 할 정도로 지식을 쌓게 되었으며, TV 뉴스에 테러 관련 보도가 나올 때 주변 사람들에게 테러의 이유를 설명할 수 있을 정도로 머릿속에 배경 지식이 자리 잡게 되었다. 그래도 역시 가장 크게 얻은 것은 셰익스피어의 4대 비극을 언제든지 누가 질문하면 말할 수 있게 된 것이다.

세 번째로는, 이해력과 집중력이 좋아졌다. 입대 전에는 대학교에서 강의를 들을 때 무슨 내용인지 잘 이해하려고 하지 않았고 시험을 칠 때는 벼락치기를 하느라 바빴는데, 전역하고 난 뒤에는 이해력과 집중력이 좋아져, 그나마 강의를 이해할 수 있을 정도가 되었다. 사실 지금도 벼락치기를 하고는 있지만, 예전보다 훨씬 좋은 성적을 받고 있다. 책을 읽으면 이해력과 집중력이 좋아진다는 것은 누구나 알고 있는 과학적인 사실이니 넘어가도록 하자.

아무튼, 이 세 가지만 보더라도 책을 읽는 것이 이득이라는 것은 누구나 알게 되었을 것이라고 생각한다.

책을 읽는 것은 자기 계발을 할 때 가장 기본이 되는 것이며 가장 우선시되는 것이다. 이것은 평소에 사용하지 못해 봤던 전자 기기를 사용할 때 설명서를 먼저 읽는 것과 마찬가지라고 생각한다. 책에는 살아가면서 필요한 정보가 모두 담겨 있으며, 그 정보는 끊임없이 나온다. 어디 끊임없이만 나오기만 하는가. 시간이 지나면 그 정보는 수정되어서 다시 나오기도 한다.

다른 이야기가 길어졌지만, 하고 싶은 말은 결국 딱 한 가지다.

책을 읽어야 한다. 만약 다른 자기 계발을 할 수 없는 상황이라든가, 군대에서 꼭 필요한 한 가지만 하고 싶다면 나는 무조건 책을 읽으라고 추천해 주고 싶다.

솔직히 말하면 나도 책을 읽기로 결심하고 책을 읽어 나갈 때,

처음에는 책 읽기가 귀찮아서 게임을 하러 가거나 사이버 지식 정보방에 죽치고 앉아서 시간을 보내는 날이 매우 많았다.

지금 생각해 보면, 만약 내가 그때 다른 짓을 하지 않고 책을 조금 더 읽었더라면 200권도 가능했을 것이라고 생각한다.

나는 124권이라는 책을 읽었으니, 이제 이 책을 읽고 있는 당신은 내가 하지 못했던 것을 해 줬으면 좋겠다는 생각이 든다. 군 생활 동안 125권 이상의 책을 읽고 승리했다는 기분을 느껴줬으면 한다. 더 나아가서 200권의 독서 기록을 달성하면 지금 읽고 있는 책보다 더 나은, 군대에서 할 수 있는 자기 계발을 다루는 책을 써 줬으면 좋겠다는 생각을 하며 이 단락을 마친다.

2. 독후감 100편 쓰기

　여러분이 100권의 책을 읽기로 계획했다면, 이제 계획해야 할 일이 하나 더 생겼다. 너무나도 당연하지만, 바로 책을 읽고 난 후 독후감을 써서 책을 읽었다는 것을 다시 한번 증명하는 일이다. 전역하고 난 뒤에 친구들과 술자리에서 술을 마시다가, 주변 사람들과 이야기를 하다가, 혹은 친하지 않고 서먹서먹한 관계에 있는 사람과 책에 대한 이야기를 갑작스럽게 나누게 되었을 때, "저는 책을 무려 500권을 읽었습니다."와 같은 말은 누구나 할 수 있다. 마음만 먹으면 나도 지금 이 책을 쓰면서 군 생활 동안 800권의 책을 읽었다고 적을 수도 있다. 하지만, 이러한 말을 하고 나서 그에 대한 증명은 누구나 할 수 있는 것이 아니다.

　이러한 점만 봐도 독후감을 쓰는 것은 매우 중요하다.

　독후감 100편 쓰기라는 목표는 내가 책을 100권 읽자고 계획했을 때 책 100권 읽기와 같이 세웠던 계획이며, 내가 군대에서 쓴 독후감이 총 126개다. 왜 2개가 많은 것인지에 대해 의문을 품을 수도 있다. 2개는 만화책을 읽었던 기록을 나눠서 쓴 것이다. 뭐 많으면 어떠한가. 적은 것보다는 낫다.

　본론으로 돌아와서, 책을 읽고 나서 그냥 그 책을 덮어 버린다면 그 책에 대한 기억은 어마어마한 기억력을 가진 사람이 아닌 이상 절대 오래가지 못한다. 이건 솔직히 누구나 아는 사실이며, 부정할 수 없는 사실이다.

책을 막연히 읽는 것보다 책에 대한 내용을 생각하며 느낀 점을 적는 것이 더 어렵다. 누군가가 써 준 대본을 외우는 것과 내가 대본을 써서 남에게 보여 줘야 하는 것의 차이라고 생각하면 될 것이다.

책의 내용은 변하지 않지만, 독후감의 내용은 개인마다 다르며, 그 독후감에는 자신의 가치관과 성격 등이 반영될 수 있다. 이러한 독후감들은 나중에 전역하고 나서 시간이 지났을 때 한번 읽어보면 부끄러움과 즐거움을 동시에 느낄 수 있을 것이다. 사실 방금 이 단락을 쓰기 위해 옛날에 적었던 독후감을 읽어 보았는데 30초 정도 읽고 나서 부끄러워서 서랍 안에 넣어 버렸다.

서론이 너무 길었던 것 같다. 이제 독후감을 쓰는 시간과 독후감을 쓰는 방법에 관해서 설명하고자 한다.

1) 독후감을 쓰는 시간을 정하라

그렇다면 독후감을 쓰는 시간은 언제가 적당할까?

조금만 생각해 본다면 간단한 답을 얻을 수 있다. '책을 읽은 직후'라는 답이다.

물론 책을 읽은 직후에 독후감을 쓰는 것은 당연한 일이며, 누구나 그렇게 생각하고 실천할 수 있다.

나 또한 책을 읽자마자 독후감을 적었다. 하지만 여기는 사회와는 다른 '군대'다.

독후감을 적으려면 집중할 시간이 필요한데, 갑작스럽게 돌발 상황이 일어나 나가야 한다든지, 갑자기 친한 선임이 찾아와 같이 담배를 피러 가자고 한다든지, 노래방에 같이 가자고 한다든지 등 많은 변수가 일어날 수 있는 곳이 바로 군대다.

이러한 상황 속에서 책을 다 읽은 직후에 독후감을 쓸 수 있으면 좋겠지만, 사실 군대에서는 주말을 제외하고 평일에는 독후감을 쓰기에 제약이 많은 것이 사실이다.

그렇다면 평일에는 언제 독후감을 쓰면 좋을지 생각해 보자. 나는 독후감을 취침 시간 이후에 적었다.

취침 시간이 되면 모두가 잠이 들 때, 당직실에 가서 당직 사관에게 보고한 뒤 독후감을 쓰고 자거나, 구석진 곳에 스탠드를 켜놓고 독후감을 썼다.

그날 읽었던 책의 내용을 기억해 내면서 동시에 독후감을 쓰니, 복습 효과도 되고 책의 내용도 오래 기억에 남는 효과를 즐길 수 있었다.

그래서 나는 이 취침 시간 직후 약 10분 정도의 시간을 주로 이용했다. 어차피 취침 시간이 시작된 후 10분 동안은 이런저런 이야기 소리 때문에 잠도 잘 오지 않고, 불침번이 인원수를 체크 하느라 대부분의 인원이 잠이 들지 못하기 때문에, 그러한 시간에는 가끔 밖에서 독후감을 쓰고, 돌아와서 조용해진 생활관에서 잠을 자는 나름의 전략을 쓴 것이다.

정리하자면, 책을 읽고 바로 독후감을 쓰는 것도 매우 훌륭하고 좋은 생각이지만, 그러한 것에 제약이 있다면 취침 시간 직후의 10분 정도의 짧은 시간을 이용하는 것을 추천한다.

물론 후자의 방법을 쓰려면 어느 정도 짬이 있어야 한다는 전제가 필요하지만 말이다.

결론은 짬이 최고다.

2) 독후감을 쓰는 요령은?

이렇게 독후감을 쓰는 시간을 대략 정했으면, 이제는 독후감을 쓰는 요령에 관해서 설명하고자 한다.

먼저 준비물이 필요하다. 읽은 책을 간단히 기록하기 위해서 '소중한 나의 병영 일기', 줄여서 '소나기'가 가장 먼저 필요하고, '소나기'에는 작성하는 공간이 없으니 따로 독후감을 적을 공책도 필요하다. 그리고 그날 읽은 책과 펜만 있으면 모든 준비가 끝난다.

나는 독후감을 쓸 때, 먼저 그날의 날짜를 적은 뒤, 책의 제목과 작가의 이름을 적고 옆에는 내 나름의 별점을 주었다. 물론 내 주관적인 점수만 반영된 점수지만, 책의 작품성, 남들이 추천하는 빈도수 등은 상관없었다. 내가 재밌으면 별 5개, 내가 재미없으면 별 1개를 주었다.

이제 독후감의 내용에 관해서 설명해 보도록 하겠다. 독후감을 본격적으로 쓸 때는 양식을 생각하지 말고 작성했으면 좋겠다는 메시지를 꼭 전해 주고 싶다. 그냥 이 책을 읽으면서 느꼈던 그 내용 그대로를 쓰는 것이 좋다. 책을 읽다가 갑자기 배가 고파져서 라면 생각이 나면 그것을 써도 얼마든지 좋다.

"신기하게 이 책을 읽으면 라면 생각이 나기도 한다." 등의 짧은 문장을 추가해서 넣은 독후감이 있다면, 그 독후감이야말로 이 세상에서 가장 솔직한 독후감이 될 것이다.

독후감은 말 그대로 내가 책을 읽고 나서 느꼈던 내용을 그대로 쓰는 것이기 때문에 부담 갖지 말고 큰 제약 없이, 그대로 썼으면 좋겠다는 말을 하고 넘어가도록 하겠다. 여담으로 내 126개의 독후감 중에는 한 줄짜리 독후감도 약 10개 정도나 된다.

결론적으로는 독후감을 쓰는 것에 큰 어려움을 겪지 말고, 쉽게 쓰면 된다는 말을 해 주고 싶다.

3) 독후감을 쓰고, 그 후

126개의 독후감을 공책에 쓴 사진. 책의 번호와 별점을 기록하고, 내가 느낀 점을 솔직하게 썼다

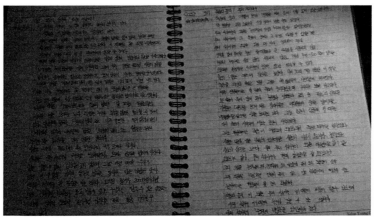

126개의 다양한 분야의 독후감을 쓰며, 나는 독후감을 쓰기 전과는 정말 많은 것이 달라졌다는 것을 느낄 수 있었다.

가장 큰 변화로는 책을 읽는 방식과 책을 대하는 태도가 달라졌다.

옛날에는 책을 읽을 때 무조건 꼼꼼히 들여다보면서 책을 읽었던 터라 책을 읽는 데 상당히 오랜 시간이 걸렸는데, 독후감을 쓰면서부터 책의 중요한 내용을 빠르게 캐치하는 능력을 기르게 되었으며, 이로 인하여 책을 읽는 시간이 빨라지게 되었다. 물론, 책

을 대충 읽는다는 것이 아니라 책을 빠르고 정확하게 읽을 수 있게 되었다는 뜻이다.

또한, 옛날에는 책을 대부분 라면 냄비 받침으로 사용하거나 벌레를 때려잡을 때도 가끔 쓰곤 했지만, 이제는 책에 먼지가 쌓이는 것만 보여도 얼굴이 찡그려지는 등 책을 대하는 태도가 완전히 변했다.

또 다른 변화로는, 책을 읽었을 때 정보를 받아들이는 과정이 달라졌다.

쉽게 말하자면, 옛날에 독후감을 쓰기 전에는 책을 읽었을 때, 그 책에 있는 내용을 무조건 옳다고 여기고 신뢰하며 이를 바로 받아들였지만, 책을 읽고 독후감을 쓰면서부터는 그 책에 담겨 있는 내용이 맞는지 인터넷 검색을 한 번 더 해서 확인하거나, 다른 책에 나와 있는 내용으로 반박을 하며 독후감을 써서, 잘못된 정보는 받지 않고 정확한 정보만 나름대로 선별하여 받아들이는 능력이 생긴 것이다.

물론, 이 능력은 군대에서는 전혀 필요가 없는 능력이겠지만, 어쨌든 사회에서는 유용한 능력이다.

마지막으로, 생각의 깊이가 달라졌다. 전 세계에 있는 70억의 인구가 모두 같은 책을 동시에 읽었다고 가정했을 때, 그 70억 인구 중에 몇천만 명은 유사한 느낌을 받을 수 있으나 70억 인구 중 완전히 똑같은 느낌을 받는 2인 이상의 그룹은 없으리라고 생각한다.

70억 인구 모두가 하나의 책을 가지고 독후감을 작성했을 때, 그 70억 개의 독후감은 모두 다를 것이다.

만약 독후감을 전문적으로 평가하는 사람이 이 70억 개의 독후감을 다 평가한다고 가정하면, 내가 독후감을 쓰는 활동을 하기 전에는 70억 명의 사람 중 50억 등도 하지 못했을 것이지만, 지금 독후감을 쓰는 활동을 하고 난 뒤 평가를 받는다면 아마 70억 중 30억 등은 하지 않을까 하고 조심스럽게 예측해 본다.

사실, 책을 읽고 독후감을 쓰는 것은 책을 읽는 것보다 100배는 중요하다.

그 책의 내용을 다시 한번 생각해 보고, 책을 읽게 된 이유와 이 책을 선택하게 된 이유, 그 책에 관련된 나의 삶을 다시금 생각해 볼 수 있는 계기가 되기 때문이다.

또한, 나중에 전역하고 난 뒤에 사회에서 옛날에 읽었던 책이 생각나서 다시 책을 읽고 새로운 독후감을 쓴 뒤, 군대에서 썼던 독후감과 비교해 보면 참 많은 것을 느낄 수 있을 것이다. 물론, 지금 책을 쓰고 있는 나는 군대에서 쓴 독후감들을 다시 한번 훑어보면서 '그때는 참 생각이 단순했구나'라는 부끄러운 생각에 빠져들곤 한다.

독서를 하는 것은 운동과 같다.

본 운동을 했으면 당연히 마무리 운동을 해야 한다. 본 운동만 하고 바로 빠져버리면 다칠 위험이 크다.

독서와 독후감의 관계도 마찬가지다.

책을 읽고 나서 다시 원래 있던 책장 안에 책을 꽂아 놓으면 별로 감흥을 느끼지 못한다.

그 책을 다시 원래 있던 자리에 꽂아 넣기 전에 한 줄이라도 좋으니 책에 대해 평가하고 다시 한번 생각해 보는 활동을 꼭 했으면 좋겠다.

3. 특급 전사 만들기

나는 책 초반에서 말했듯이 군대에 입대할 때 몸무게가 53kg이었으며, 입대 전에는 아르바이트하던 소고깃집의 사모님과 팔씨름할 때 힘도 못 써 보고 질 정도로 힘이 매우 약했다.

내가 입대할 때에, 나의 가장 큰 걱정거리 중 하나는 '군대에서는 힘을 써야 하는 경우가 꽤 많을 것 같은데, 힘을 못 쓰면 어쩌지?'라는 것이었다. 내 몸무게는 53kg이었는데, 군 생활을 하다 보면 내 몸무게의 40%에 해당하는 20kg의 무게를 가진 군장을 등에 진 채로 산을 오르락내리락한다거나, 약 300명의 사람이 남긴 잔반을 옮기는 일 등 힘을 쓸 경우가 많을 것이라고 들었기 때문이다. 역시나, 내가 군대에 입대해 보니 그 말들이 모두 사실이었다는 것을 깨달았다. 자대에 전입을 가서는 내가 힘을 써야 하는 경우가 종종 생겼는데, 그럴 때마다 나는 조용히 옆으로 빠지고 힘을 쓰는 것은 농구 선수 출신이었던 후임과 럭비 선수 출신이었던 맞선임이 대신하기 바빴다.

그렇게 힘을 쓰는 후임과 선임들을 보면서 나 자신이 한심하게 느껴졌고, 운동을 해야겠다고 생각하게 되었다.

처음에는 운동을 하기 위해서 부대 내에 있는 체력 단련실에 들어가 올바른 자세도 모른 채 무작정 운동을 시작했다. 어깨도 많이 다치고 허벅지에 통증도 많이 느끼는 등 많은 고생을 했다. 그 때부터 나는 기초가 부족하다고 느껴 차라리 근력 운동이 아니라, 맨몸 운동을 통해 체력 '특-특-특'을 달성해 보자고 계획을 잡고 그 때부터 맨몸 운동을 시작하게 되었다.

1) 군대에 들어가기 전 나의 체력과 체격

앞서 말했듯이, 나는 군대에 들어가기 전에는 평범한 여자에게 도 팔씨름조차 쉽게 이기지 못하는 약골 체력을 가지고 있었다.

근육이라고는 찾아볼 수 없는 체격이었으며, 몸을 공개해야 하는 수영장 같은 곳은 가 볼 꿈도 꾸지 못했다.

20kg짜리 쌀 한 포대를 옮기는 것도 매우 버거워서 온 힘을 써도 들지 못하는 경우가 많았다. 군대에서 체력 시험을 볼 때 시행하는 3㎞ 달리기는 완주를 꿈도 꾸지 못할 정도였으며, 1㎞를 달리는 것도 매우 숨이 찰 정도로 나에게는 버거웠다.

군대에 들어가기 전에 군대에 있던 아는 형과 통화하며 이런저런 이야기를 하다가, 군대에서 보는 체력 시험에 대해 얼핏 들은 적이 있다. 군대에서는 팔굽혀 펴기와 윗몸 일으키기, 그리고 3㎞를 뛰는 간단한 세 종목으로 체력 시험을 본다는 이야기였다. 그 형의 말을 듣고 나서 집에서 나 혼자 팔굽혀 펴기와 윗몸 일으키기를 해 보았는데, 그 당시에는 팔굽혀 펴기는 겨우 20개, 윗몸 일으키기는 심각한 수준인 10개 정도를 했던 것 같다. 물론 3㎞ 달리기는 300m도 뛰지 못하고 숨이 차서 포기해 버렸다.

이렇게 그 누구와 비교를 해 봐도 허약한 몸을 가지고 있었던 내가 어떻게 군대에서 '특-특-특'의 체력을 달성하고, 더 나아가 중대에서 10명의 체력 대표를 뽑을 때 그 자리에 낄 수 있었는지에 대해 말하려고 한다.

솔직히 말하자면 체력 '특-특-특' 달성은 여기에서 설명하는 모든 목표 중에서 가장 쉽다. 나와 같은 '불-불-불'의 체력도 짧은 시간 안에 성공했으니, 제일 쉬운 것이 분명하다. 아니, 확신한다.

2) 운동할 수 있는 시간은?

운동을 시작하기 전에 먼저 운동할 수 있는 시간을 정해 보도록 하자. 우선 여기서 말하는 운동이란 벤치프레스나 데드리프트와 같은 운동이 아닌, 기본적인 체력 운동이다. 즉, 팔굽혀 펴기, 윗몸 일으키기 등을 지칭하는 것이라고 알고 넘어갔으면 좋겠다.

이 문제에 대한 대답은 아주 간단하다. 나는, 운동을 정말 시간이 남아돌 때마다 했다. 예를 들면, 부대마다 다른 점이 있겠지만,

군대에서는 대부분 밥을 먹으러 갈 때나 밥을 먹고 돌아올 때 다 같이 움직이는 것을 지향하고 그렇게 행동하는 편이다. 그렇기 때문에 내가 밥을 빨리 먹었다고 해도 혼자 막사로 돌아가지 못하고, 다른 부대원들이 다 먹을 때까지 기다렸다가 다 같이 막사로 복귀해야 한다. 그럴 때 가만히 서서 같은 부대원들을 기다리기보다는 땅바닥에 엎드려 팔굽혀 펴기를 하는 편이 더 낫다. 물론 갑자기 식당 앞에서 팔굽혀 펴기를 하는 군인이 있다면 주변에서 다른 군인들이 쳐다보긴 하겠지만, 그래도 상관없다. 그들은 아무것도 하지 않고 있다. 적어도 운동하는 편이 아무것도 하지 않는 것보다 백만 배는 낫다.

또한 책을 다 읽고 나서 한 번쯤 굳은 몸을 풀어 주기 위해 윗몸 일으키기를 한 번 하고 독후감을 쓴 뒤에 한 번 더 하는 등 짧은 시간을 쪼개서 운동하는 것도 나쁘지 않다. 혹은 아침 점호에 나가기 전에 운동하는 것도 좋다. 그래도 가장 운동하기 좋은 시간은 언제냐는 질문에는 서슴없이 답변해 줄 수 있다.

바로 불침번 시간이다. 불침번 시간은 매우 피곤하다. 불침번을 서기 위해 15분 전에 미리 일어나야 하는 것도 피곤하고, 피곤한 몸을 억지로 일으켜 서 있는 것도 매우 힘들다. 그런데 이상하게도 그 지루하고 피곤했던 불침번이 끝나고 다시 잠을 자러 갈 때는 하나도 피곤하지 않다. 나는 이러한 불침번의 특성을 고려하여 주로 불침번을 맡게 되는 시간에 운동을 하곤 했다.

물론, 불침번을 대충 섰다는 것이 아니라 불침번을 돌면서 각 생활관을 한 바퀴씩 돈 뒤, 잠시 쉬는 시간에 팔굽혀 펴기를 벽에 대고 하거나, 땅바닥에 엎드려서 하는 등 불침번을 서는 동안 짬짬이 운동을 했다. 불침번을 서는 시간에는 피곤함을 잊기 위해 했고, 불침번 동안 했던 운동의 피로감으로 인해 불침번이 끝나고 난 뒤에는 쉽게 잠에 빠져들 수 있었다.

물론 한국 군대의 특성상, 이 방법은 부대 내에서 어느 정도 짬이 있어야 할 수 있다는 것을 명심하길 바란다.

이렇게 시간을 조금씩 쪼개서 하는데 어떻게 '특-특-특' 체력을 달성할 수 있었느냐는 질문은 안 했으면 좋겠다. 군 생활은 약 2년 정도로 매우 길고, 하루에 10분씩만 투자해도 두 달이면 '특-특-특'은 누구나 찍을 수 있다고 생각하기 때문이다. 또한, 어떻게 장담할 수 있냐는 질문 역시 안 했으면 좋겠다. 체력 '불-불-불'이었던 내가 약 2달 만에 '특-특-특'을 달성했으니까. 이 책에 나오는 이야기는 다 나의 실제 경험담이다.

3) 군대에서 할 수 있는 운동은?

사실 군대에 있을 때는 나는 맨몸 운동만 한지라, 근력 운동에는 문외한이었다. 하지만 현재 사회에 나와서는 헬스를 약 1년 정도 했으며, 운동하는 방법 또한 많이 알게 되었다.

물론 그래도 운동에 대한 지식이 아직은 많이 부족하기에 이를 감안하고 다음 내용을 읽어 줬으면 한다.

군대에는 어떤 부대이건 간에 '체력 단련실'이라는 장소가 꼭 있다. '체력 단련실'이 없다면 그 부대에는 적잖은 위로를 보내고 싶다. 아무튼, 그 체력 단련실에 가 보면 없는 것이 없다. 가슴, 등, 어깨, 하체, 유산소 등 거의 모든 운동을 다 할 수 있는 장비들이 구비되어 있을 것이다. 또한, 체력 단련실에는 항상 운동을 하는 선임이나 후임이 꼭 있을 것이다.

자, 이 문제의 답이 아주 쉽게 나왔다.

군대에서 할 수 있는 운동은 바로 선임이나 후임에게 배울 수 있는 운동들이다. 굳이 내가 이 책에 운동 자세나 주의점 등을 적으면 이 책의 장르가 변질될 수도 있기 때문에 시원하게 넘어가도록 하겠다. 물론, 내가 절대로 귀찮아서 안 적는 것이 아니라는 것을 알아두었으면 한다. 내가 바라는 것은, 이 책을 읽는 독자가 운동을 배우며, 선·후임들과 운동을 하며 더 친해지는 것이다.

물론 체력 단련실에 있는 물건들이 더럽거나 영 찝찝하다면, 굳이 체력 단련실에 가지 않아도 된다. 생활관에서 조용히 맨몸 운동을 하여 기초 체력을 기른 뒤, 몇 개월 뒤에 전역하고 나서 헬스장에 가서 정확한 자세를 배우며 운동을 하는 것도 썩 나쁘지 않다고 생각한다.

4) 결국 체력 '특-특-특'을 달성하다!

앞서 말했듯이, 나는 처음 자대에 전입을 갔을 때 체력이 거의 '불-불-불' 수준으로, 컨디션이 좋은 날에야 겨우 2등급이 하나 나올까 하는 정도의 체력이었다.

이 저질 체력은 전방에 가서도 유지되었는데, 갑작스럽게 연대 내에서 중대를 평가하는 기간이 찾아오게 되었다.

이 평가 중에는 체력 항목이 포함되어 있었고, 그 체력 항목을 평가받을 10명의 중대원이 필요하다는 중대장님의 말씀을 듣게 되었다.

당시 나는 체력이 워낙 약한 터라 중대장님의 눈에도 들어가지 못했지만, 나가기로 했었던 중대원들이 갑자기 나가지 못하게 되어 조용히 생활하던 내가 갑작스럽게 나가게 되었다.

갑작스럽게 중대 내에서 체력 대표로 선발된 나는 그 당일에 바로 체력 테스트를 보게 되었으며, 중대장님이 보고 계신 와중에서도 저질 체력을 뽐내어 '불-불-불'이라는 처참한 모습을 보이고야 말았다.

그날 이후로 나는 자기 전에 윗몸 일으키기와 팔굽혀 펴기를 항상 했으며, 3㎞ 달리기는 점호 시간에 열외하지 않고 호흡을 조절해 가면서 달리는 활동을 통하여 나름대로 훈련을 했다.

그렇게 약 2달 동안의 개인적인 훈련을 마치고 나서 전방에서 내려와 중대 평가 기간이 다가오기 며칠 전 나는 운 좋게 '특-특-특'을 달성할 수 있었다.

모두가 놀란 결과였다.

대부분의 선임은 "그렇게 안 생겼는데 운동 좀 하네!"라는 평가를 늘어놓았다.

그렇게 나는 중대 평가 체력 시험 때 '특-특-특'을 당당하게 달성할 수 있었다.

'특-특-특'이라는 점수를 받은 나는 그 뒤로 중대 내에서 체력 시험을 볼 때마다 항상 어떤 종목이든지 순위권 안에 항상 들게 되었다. 이는 수개월 동안 유지되었으며, 그 개수는 점점 늘어갔다.

5) 전역하기 일주일 전 나의 체력과 체격

그렇다면 이제 그 결과를 말하려고
한다.

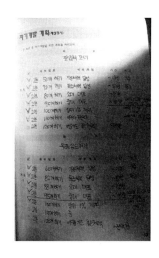

입대 전 팔굽혀 펴기와 윗몸 일으키기를 합쳐서 30개도 하지 못했던 내가 전역 일주일 전에는 팔굽혀 펴기를 2분 동안 114개를 하였으며, 윗몸 일으키기는 2분 동안 딱 100개를 달성했다. 또한 뜀 걸음은 3㎞를 11분 40초에 들어오게 되는 등 입대 전보다 체력적으로 엄청나게 발전한 모습을 보이게 되었다.

책의 앞부분에서 체력 '특-특-특'을 달성하는 것이 가장 쉽다고 했는데, 이는 사실이다. 사실 체력 단련은 내가 했던 모든 활동 중에서 가장 시간이 적게 들어갔으며, 상대적으로 가장 노력하지 않은 부분이었다.

사실 처음에 '특-특-특'을 달성하기로 마음먹었을 때는, 팔굽혀 펴기를 2분 동안 140개, 윗몸 일으키기를 2분 동안 120개, 뜀 걸음을 10분대로 통과하자는 어마어마하게 큰 목표를 잡고 운동을 시작했었다. 물론 지금 생각해 봐도 정말 어처구니없는 목표다. 그래도 그 목표에 맞게 운동을 해야 했는데, 그러지 못하고 대충 설렁설렁했던 것 같다.

군대에서 운동하자는 목표는 사실 지금 생각했을 때 크게 아쉬움이 남는 목표다. 더 할 시간이 많았는데 못 했다는 것에 대한 아쉬움과, 너무 설렁설렁했다는 아쉬움이 크게 남는 그러한 목표였다.

하지만 내가 항상 생각하며 남들에게 하는 말이 있다. 안 하는 것보다는 백만 배 낫다.

4. 꾸준하게 공부하기

누군가 내게 내가 세웠던 목표 중에서 가장 자랑할 수 있는 목표가 무엇이냐고 물어보면 나는 첫 번째로는 독서 활동을, 그리고 두 번째로는 바로 공부를 꾸준히 했던 것을 말할 것이다.

군대에 가면 머리가 굳어 버린다는 말이 있다. 사실 이 말이 장난스럽게 들릴 수도 있겠지만, 실제로 그렇다.

대학교에 들어가면 군대에서 건강하게 전역하고 돌아온 많은 복학생을 볼 수 있다. 물론 모든 복학생이 머리가 굳어서 돌아온다는 말은 아니지만, 대게는 정말로 머리가 굳어서 돌아온다.

군대에서 군대 지식을 쌓고 돌아오면 정말로 공부하는 방법을 까먹는 복학생이 많다. 장난처럼 들리겠지만 이건 사실이다. 만약 의심이 간다면 지금 당장 펜을 들고 사이버 지식 정보방에 가서 옛날에 풀었던 수능 수학 문제를 1번부터 4번까지 풀어 보길 바란다. 머리가 굳었다는 것을 깨닫게 될 것이다. 물론 이걸 다 풀 수 있다면, 자신의 계급이 무엇인지 확인해 보길 바란다.

사실 복학생까지 생각해 볼 필요도 없다. 생활관에 있는 상병, 병장들만 보아도 공부를 하지 않은 상병, 병장들의 머리가 굳었다는 것은 누구나 쉽게 알 수 있는 사실이다. 만약 느끼지 못했다면 선임들을 유심히 관찰해 보길 바란다. 공부를 하던 선임과 공부를 하지 않았던 선임들의 차이는 명확하게 드러나기 때문이다.

이 책을 쓰면서 친한 친구들과 함께한 술자리에서 하나의 이야기를 들었다. 친구 중 한 명이 휴가를 나왔는데, 집에서 포병에 대한 공부를 주구장창 하고 있다는 이야기였다. 내가 이 책에서 말하는 공부는 절대 군대에 관한 공부가 아니다. 게다가 지금 글을 쓰는 나는 휴가 때는 확실히 놀아야 한다고 주장하는 사람이기 때문에, 적어도 저렇게 휴가를 나와서 군대 일을 생각하는 바보 같은 짓은 하지 않았으면 좋겠다는 말을 하고 난 뒤에 다음 이야기로 넘어가도록 하겠다.

1) 공부할 시간 만들기

이 책을 읽는 사람이라면 이제 이런 의문이 들어야 한다.

'책도 읽으라고 하고, 독후감도 쓰라고 하고, 운동도 하라고 하고… 그럼 공부는 또 언제 해야 하나?' 뭐, 이렇게 순한 생각을 하고 있다면 그건 나름대로 다행이지만, 속으로 욕을 하며 이 책을 덮어 버리는 사람도 몇 명 있을 것이라 생각한다.

내가 생각해도 나의 군 생활은 정말 쉴 틈 없이 바빴다고 할 수 있다.

본론으로 돌아와서, 그럼 공부를 언제 해야 하는가에 대해서 말하려고 한다.

공부하기에 가장 적합한 시간은 바로 연등 시간이다.

연등이 있는 날에만 공부하여도 충분히 머리가 굳지 않는다. 연등은 군대에서 대략 일주일에 한 번 정도 있는데, 이때 2시간만 공부를 해도 머리는 굳지 않는다.

하지만, 연등 시간이 없는 부대도 꽤 있다. 내가 나온 부대도 그랬다.

그래서 나는 공부할 시간을 찾는 데 꽤 애를 먹었다.

그렇게 매일 공부를 해야겠다고 생각만 하고 있다가 공부를 할 최적의 시간을 찾아내게 되었다.

바로 근무가 있는 날이었다. 군대에서의 근무는 하루 1회로 끝나지 않는다는 것은 누구나 알고 있는 사실이다. 근무는 보통 하루에 2번 정도 나가게 된다.

그렇다면 첫 근무와 두 번째 근무 사이에 남는 시간이 생기게 된다.

바로 그때가 최고의 공부 시간이다. 만약 낮에 근무가 있다면 맑은 정신으로 공부할 수 있고 새벽에 근무가 있다면 조용한 환경에서 공부할 수 있다는 이야기다.

나도 사실 공부하는 것이 매우 싫었고 처음에는 반감도 품고 있었다.

하지만 어느 날 근무가 끝난 뒤에 혼자 골똘히 생각해 보았다. '과연 근무가 끝나고 다음 근무가 있을 때까지 잠을 자는 것이 공부하는 것보다 더 나을 것인가?'라는 생각을 하게 되었고, 생각 끝에 '피로가 풀린다', '몸이 편해진다'와 같은 나름의 반박성 생각들을 접어 두고 일단 펜을 잡고 공부를 하러 갔다.

2) 어떤 공부를 할지 정하기

공부를 할 시간을 어떻게든 정했으면, 가장 중요하면서도 당연히 해야 할 일이 있다. 바로 '어떠한 공부를 할 것인가'를 정하는 일이다.

사실 우리는 '공부'라는 단어를 들으면 중학교와 고등학교의 주입식 교육법에 의하여 '국어', '영어', '수학', '사회', '과학', 줄여서 '국영수사과'만 생각하게 된다. 이는 모두가 같을 것이다.

나 또한 그렇게 생각하고 처음에 공부하겠다고 마음을 먹자마자 무작정 영어 단어를 하루에 20개씩 외우기로 계획하고 바로 당일부터 이를 실천했다.

하지만, 영어 단어를 외우다가 문득, 영어 단어를 하루에 20개씩 외우는 것은 내 공부에 대한 욕구에 비해 많이 부족하다는 생각이 들었다. 그래서 평소에 관심이 있었던 수학을 공부하기로 하고,

북 카페에 있던 고등학생 전용 『개념원리』와 그 유명한 『수학의 정석』을 가져다가 하루에 5문제씩 풀며 나름대로 공부를 했다.

물론, 군대에서 전역하고 난 뒤에 편입이나 검정고시를 준비한다면 이런 식으로 수학이나 영어 과목을 공부하는 것을 추천한다. 하지만, 내가 책을 읽는 독자들에게 말하고자 하는 '공부'는 이런 '국영수사과' 공부가 아니다.

쉽게 말하자면 이런 것이다. '국영수사과'는 전역을 하고 나서도 얼마든지 공부할 수 있다.

이 말에 동의하는가?

그렇다면 당신의 눈앞에 있는 영어 단어장과 수학 문제집은 잠시 접어 두길 바란다.

공부에 관한 내용을 설명하는 것은 이제부터 시작이다.

3) 새로운 분야 개척하기

그렇다. 소제목에서 알 수 있듯이, 내가 설명하려고 하는 것은 바로 이것, 새로운 분야를 개척하는 것이다.

우리는 '공부'라고 하면 대부분 '국영수사과'밖에 생각하지 못하는 불쌍한 대한민국의 청년들이다.

어느 날, 평소와 같이 영어 단어와 수학 문제를 풀고 있었는데 이상한 생각이 들었다.

'이 공부들은 앞으로 전역 후에 해도 되고, 앞으로 살면서도 공부할 시간이 많을 텐데 굳이 해야 하나?'

나는 그 생각을 하자마자 바로 책을 덮고 내가 평소에 관심이 있었던 것이 무엇인지 생각해 보기로 했다. 약 10분 정도 생각하다가 내가 평소에 궁금해했던 것이 무엇인지 생각났다. 바로 '주식 투자'에 관한 것이었다. 물론 주식 투자에 관한 대부분의 속설은 누구나 알고 있다.

"주식을 하면 3대가 망한다.", "개미는 무조건 죽는다."는 것과 같은 부정적인 속설이 인터넷상에 너무나도 흔하게 돌아다니고 있기 때문이다. 물론, 나도 이러한 속설을 알고 있었고, 그런 연유로 주식에 관한 부정적인 시각이 있었던 것도 사실이었다.

하지만 왜 사람들이 그 부정적인 속설을 다 알면서도 주식을 하는지가 궁금해졌고, 주식에 대해서 공부하기로 마음먹었다. 하지만 주식에 대한 책이 군대에 널려 있을 리가 없었다. 어쩌면 있는 것이 더 이상했을 수도 있다.

그래서 나는 군대에 있는 '경제'와 관련된 책들을 모아서 읽기 시작했고, 그 책들에 담겨있는 주식과 관련된 내용은 따로 노트에 정리하는 방법으로 주식에 대해 공부하기 시작했다.

그렇게 주식 투자에 관한 공부를 하면서 나는 주식 투자와 같이 '경제'에 대한 공부 또한 어느 정도 하게 되었고 '경제'에도 흥미를 느끼게 되었다.

또한, 그렇게 주식 투자에 대해 공부를 하면서 나는 '새로운 것에 도전해야겠다'고 생각하게 되었다. 그것은 바로 주식 투자에 관련된 자격증 취득이었다.

'증권투자권유대행인'이라는 자격증의 정보를 우연히 듣게 되었고, 나는 휴가를 나가서 '증권투자권유대행인' 자격증 시험을 공부할 수 있는 문제집을 구매하여 군대에 가지고 들어오게 되었다.

물론 혼자 공부를 하는 것은 어려웠지만, 나는 굳은 의지로 꾸준히 공부했다.

결론부터 말하자면, 나는 자격증 시험날 휴가를 나가지 못하여 군대에 있는 동안 자격증을 따지 못했다. 현재 사회에 있는 동안에도 자격증 시험을 보지는 않았지만, 그래도 주식에 대한 공부를 한 것에는 절대 후회가 없다.

또한 경제에 대한 공부를 한 것 또한 내가 매우 대견하다고 느껴질 정도로 뿌듯한 일이다.

입대 전에는 봐도 무슨 뜻인지 알 수 없는 단어들이 매우 많아 별 관심 없이 뉴스를 보았지만, 이제는 뉴스를 보면 어느 정도 이해할 수 있는 수준이 되었으며, 어떠한 정책이 추진되었을 때 일어날 수 있는 일들을 나름대로 추측할 수 있는 능력도 생겼다.

물론, 주식 투자나 경제에 관한 것은 현재 내가 대학교에서 배우는 것과는 단 하나도 상관이 없다.

하지만, 나는 이 공부를 한 것에 전혀 후회가 없다.

내가 평소에 흥미를 느낀 것에 대한 공부를 할 수 있었던 시간은 군대밖에 없었기 때문이다.

내가 만약 지금 대학교에 다니면서 주식 투자에 관한 공부를 하고 있다면 날 한심하게 볼 사람이 엄청나게 많을 것인데, 군대에서 그런 공부를 하는 것을 본다면 무척 대견하다고 할 사람이 엄청나게 많을 것이다.

결론적으로, 이왕 군대에서 공부하기로 마음을 먹었다면, 평소에 본인이 관심이 있던 분야에 대해 공부했으면 좋겠다는 말을 해주고 싶다.

4) 실전에서 써먹기

군대에서 영어 공부든 수학 공부든, 자신이 하고 싶었던 공부든 간에 어쨌든 이 책을 읽었으면 어떠한 것이든 공부를 했을 것이라고 믿는다. 그렇다면 이제는 써먹어야 할 차례다.

앞서 말했듯이 나는 군대에서 '주식 투자'와 '경제'에 관한 공부를 했다고 밝혔다. 나는 이 공부들을 하고 난 뒤, 9박 10일의 휴가를 나가서 주식 투자에 도전했다. 물론 가진 돈이 없어 군대에서 아끼고 아껴서 모았던 나의 전 재산인 30만 원을 가지고 주식 투자를 시작했다.

그 당시에는 공부를 했어도 그 공부의 양이 매우 적었기 때문에, 나는 그 9박 10일 동안 30만 원을 15만 원으로 만드는 기적을 일으켰고, 한동안 군대에서 아무것도 사 먹지 못하고 굶주려야만 했다.

나는 그 휴가 때 주변 사람들에게 많은 핀잔을 들어야 했다. 하지만 나는 그 핀잔을 거름 삼아 다시 주식 공부에 매진했고, 전역하고 나서 주식을 다시 시작했다.

주식을 다시 시작했을 때는 50만 원의 돈을 가지고 시작했는데, 이 돈이 3주 만에 80만 원까지 오르게 되었다.

물론, 주식이라는 것은 운이 많이 따라야 하는 종목이지만, 그래도 나름대로 공부를 해야 그 흐름을 이해할 수 있는 것이라고 생각한다.

현재도 나는 군대에서 주식을 공부한 것을 토대로 삼아 주식 투자를 꾸준히 하고 있다.

최근에는 30만 원을 가지고 새 마음으로 주식을 시작하였으며, 하루에 만 원 정도의 수익을 꾸준히 벌어 점심값을 해결하며 살아가고 있다.

물론 내가 여기서 말하고자 하는 것을 제대로 이해해 주었으면 한다.

몇몇 사람에게 이 이야기를 해 주면, "그래서 주식을 시작하라는 거야?"와 같은 헛소리를 하는 사람들이 있었기 때문이다. 여러분은 당연히 그렇게 생각하는 것이 아니란 것을 알지만, 혹여 노파심에 다시 설명하고자 한다.

나는 군대에서 공부했던 것을 바탕으로 '주식 투자'라는 것을 시작했으며, 군대에서 내가 쌓은 주식에 대한 지식은 아마 내가 살아가는 데 있어서 평생 나를 도와줄 것이라고 확신한다.

솔직하게 말하자면 암울하지만, 군대 생활은 무척 길다. 그 긴 시간 동안 자신이 평소에 관심을 가지고 있었지만 사회에서는 시간이 부족해서 하지 못했던 공부를 시작한다면, 정말 자신의 진로가 바뀔 수 있고, 더 나아가 그 진로를 통해 성공할 확률도 높아진다.

군 복무 2년 동안 자기가 하고 싶었던 공부를 하는 것은 전혀 손해 볼 것이 없다.

만약, 군대에서 평소에 관심을 가지고 있던 것에 대한 공부를 했는데도 불구하고, 사회에 나왔더니 전혀 쓸 곳이 없다고 생각하지는 않았으면 한다.

그 지식은 몇십 년 후에 다시 쓸 수도 있기 때문이다.

내가 항상 말하지만, 안 하는 것보다는 하는 것이 백만 배 낫다.

5) 군 생활 동안 꾸준히 공부한 결과

이제 내가 군 생활 동안 공부를 꾸준히 하고 이를 기록한 결과에 대해 말하려고 한다.

나는 군 생활 동안 꾸준하게 시간을 내어 공부했으며, 그 공부는 하루에 영어 단어를 10개씩 외우는 것과 수학 문제 3~5문제 정도를 푸는 기본적인 공부, 그리고 이에 더해 주식 투자, 경제와 관련된, 나름대로 관심을 가지고 있었던 분야의 공부였다.

물론 내가 공부했던 것들이 군대에 있을 때는 필요가 없었을지도 모르지만, 나는 나중을 생각하면서 꾸준하게 공부했다.

내가 공부하고 있을 때 가끔 찾아오는 선임들도 있었다.

같이 공부를 하자고 하며 영어 단어를 외우거나, 같이 수학 문제를 풀거나, 혹은 공부를 알려달라고 하는 선임들도 꽤 있었다.

하지만 다른 선임들은 오래가지 못하였고, 결국 나 혼자 남게 되었다.

군대에서 공부하기로 마음을 먹으면, 이러한 외로운 길을 걸어야한다는 것을 미리 알고 다짐한 뒤에 공부를 시작하길 바란다.

군대에서 공부하는 것은 알아주는 사람도 별로 없고, 거의 자습 위주이기 때문에 진도 또한 매우 느리게 나아간다.

그래도 그 모든 것을 참고 꾸준히 공부한다면 분명 만족할 만한 결과를 얻게 될 것이라고 확실하게 대답해 줄 수 있다.

이 부분을 읽고 나서, 지금 잠시 책을 덮고 입대 전이나 평소에 하고 싶었던 공부가 있었다면 공책에 바로 적어 보길 바란다.

진로와 미래가 바뀌고, 성공하는 새로운 길이 열릴 수도 있다.

5. 꾸준히 일기 쓰기

군인이 가장 많이 읽을 것 같은 책을 쓰는 내가 말하기에는 미안하지만, 군 생활은 정말 길다. 마치 길고 긴 어두운 터널을 기어서 가는 기분이다.

하지만 그 터널을 기어가다가 문득 어느 날 뒤돌아보면, 시작점 또한 보이지 않을 정도로 꽤 멀리 왔다는 생각을 하게 되는 신기한 곳 또한 군대다.

결국, 군 생활을 정리해 보자면, 군 생활은 앞뒤가 보이지 않는 긴 터널로 정의할 수 있다. 군인들이 이 책을 읽고 있다면 심심한 위로를 보내고 싶다.

아무튼, 우리의 군 생활은 길다. 그만큼 이 기나긴 군 생활 기간 동안 '일기'를 한번 써 보자고 계획을 한 사람은 어마어마하게 많을 것이다.

하지만, 내가 전역할 때까지 쭉 살펴보았는데, '일기'를 쓰자고 계획한 사람 중에 이를 끝까지 실천하는 사람은 단 한 명도 보지 못했다. 한 달을 가는 사람조차 한 명도 보지 못했다.

결국 꾸준하게 일기를 쓰자고 계획하는 것은 누구나 할 수 있을 정도로 쉽지만, 그것을 실천하는 것은 어마어마한 노력이 필요한 것이다.

솔직히 말하자면, 나는 일기 쓰기를 포기하는 사람들을 상당히 많이 보았기 때문에 그 선·후임들이 일기 쓰기를 포기한 요인들을 어느 정도는 알고 있다.

그래서 그 실패한 요인들과 해결법을 여러분들에게 알려 주고, 내가 일기를 꾸준히 쓸 수 있었던 이유와 계획 등을 소개해 주려고 한다.

사실 군대에서도 '일기'의 중요성을 인식하고 있기 때문에, 군대에 입대하면 모든 장병에게 일기장을 한 권씩 보급해 준다. '소중한 나의 병영 일기(이하 소나기)'라는 공책이 그것인데, 이 공책은 정말 다양하게 사용할 수 있다.

대표적인 기능은 역시 '일기'이고, 그 외에 독서를 한 책을 기록할 수도 있고, 군 생활 목표를 기록할 수도 있다. 유용한 공책이다.

이 책을 읽고 있는 사람이 군인이라면 생활관에 생활하는 선·후임들이 '소중한 나의 병영 일기'를 제대로 적고 있는지 한번 유심히 관찰해 보자.

내 나름대로 조사한 통계에 의하면, 생활관 인원이 10명일 때, 소나기에 한 글자도 적지 않은 사람은 5명, 훈련병 때는 썼지만 전입 와서는 한 번도 안 쓴 사람은 2명, 아예 이 공책을 버린 사람은 3명이다. 대략 이 정도의 비율인 것이다.

이 통계가 틀렸다면 나에게 연락을 주길 바란다. 통계는 자료가 많으면 많을수록 정확해지는 것이니까.

본론으로 돌아가서, 이제 '소중한 나의 병영 일기'와 볼펜 한 자루를 준비하고 다음 내용을 읽어 주길 바란다.

1) 일기의 중요성

솔직히 말하면, 일기를 쓰기의 중요성은 누구나 알고 있다.

우리나라 사람이라면 모두가 아는 이순신 장군님도 『난중일기』를 집필하셨고, 그 유명한 '안네 프랑크'도 『안네의 일기』라는 일기를 적었다.

물론 그 예시가 적절하지 않다는 것은 인정하지만, 일기가 이렇게 중요하다는 것만 깨달을 수 있다면 되었다. 본론으로 들어가도록 하겠다.

내가 타자를 치는 손이 닳도록 이 책에 적고 있지만, 군 생활은 정말 길고 길다. 그리고 그 길고 긴 군 생활은 주어진 시간에 맞게 생활하기 때문에 하루하루의 패턴이 거의 똑같다고 생각해도 무방하다.

하지만 그 하루하루를 쪼개어 살펴보면, 똑같은 날은 단 하루도 없다. 어제 했던 말을 또 하는 선임이 있다면 똑같을 수는 있겠지만, 어제 불침번 3번초를 섰는데 오늘 또 불침번 3번초를 서는 그러한 암담한 일의 반복은 없다.

이렇듯 군 생활은 하루하루의 패턴은 같지만, 그날마다 일어나는 일은 매일 다르다.

하지만 우리는 군대에서 생활하면서 처음 말은 동의하지만 날마다 일어나는 일이 매일 다르다는 것에는 동의하지 않는 사람으로 변해 간다.

시간이라는 개념을 잊어버리는 것이다.

시간이라는 개념을 잊는다는 것은, 군 생활을 의미 없게 보내고 있다는 말로 바꿔 생각해도 무방하다.

그렇다. 만약 당신의 군 생활이 매일매일 똑같다고 느껴진다면, 그것은 군 생활 기간을 허비하고 있는 것이라고 직설적으로 말해 주고 싶다.

또한, 그렇게 군 생활이 매일매일 똑같다고 느껴지는 사람들이라면 꼭 일기를 써야 한다고 말해 주고 싶다. 일기를 쓰면서, 매일매일 삶이 다르다는 것을 느껴야 한다.

시간이 흘러가고 있다는 것을 느껴야 한다.

그날 있었던 일을 생각하면서 하루를 마무리하는 활동을 한다면, 내가 얼마나 시간을 허비하고 있었는지 깨닫게 될 것이다.

내가 처음 군 생활 동안 자기 계발을 하고자 생각하게 된 것도, 바로 일기 쓰기가 그 시발점이 된 것이다.

일기를 써 보니 내가 정말 온종일 멍 때리는 시간도 많고, 의미 없이 보내는 시간도 매우 많다는 생각이 들었다. 그래서 군 생활

동안 할 것을 계획하고, 그 목표들을 계속해서 따라가다 보니 어느새 계획한 것을 모두 이룬 나 자신이 되었다.

결론적으로, 일기를 쓰는 것은 자신의 생활 패턴을 알게 되는 하나의 과정이며, 자신의 본 모습을 알아가는 또 하나의 과정이다.

일기를 쓰면서, 자신의 실패와 성공을 꼭 돌아보길 바란다.

나는 일기를 다 쓰고 전역한 후에 그 일기를 돌아보았더니 정말 대견하다는 생각이 들었다. 그 기분을 같이 느껴 봤으면 좋겠다.

2) 매일 쓰는 일기는 너무 힘들다

그렇다면, 이제 우리의 공동 일기장인 '소중한 나의 병영 일기'를 한번 살펴보자. '소중한 나의 병영 일기'는 훈련병 때에는 하루에 한 번씩 일기를 쓸 수 있도록 칸을 만들어 놓았다.

훈련병 때는 시간이 많이 남기 때문에 일기를 쓸 수 있는 여유가 있어, 매일매일 일기를 쓸 수 있다.

일기를 매일 기록하는 것은 딱 훈련병 때까지만 하면 된다.

그 이후에 훈련병 생활이 끝나고 전입을 가게 되면 매일 일기를 쓸 여유가 없다. 또한, '소중한 나의 병영 일기'에도 더 이상 일기를 쓰는 칸이 없는 것을 볼 수 있을 것이다.

자대에 전입을 가면 이제 '일일 일기'가 아닌 '주간 일기'로 변경을 하면 더 좋다. 일일 일기는 너무 힘들다. 매일 있었던 일을 매번 색다르게 쓰려다 보면, 아마 머리가 터질 것이다.

옛날에 내가 일기를 한창 쓸 때, 같이 일기를 작성하던 선임을 보았는데, 그 선임은 주간 일기가 아니라 일일 일기를 쓰고 있었다. 나는 그가 일일 일기를 쓰는 모습을 보고 오래 가지 못하겠다는 생각이 들어 "일기 형식을 일일 일기에서 주간 일기로 바꾸어 보시는 건 어떻겠습니까?"라고 한번 제안해 보았다. 그러나 돌아오는 대답은 "일일 일기를 써야 꾸준하게 오래 갈 수 있어."라는 대답뿐이었다. 물론 그 선임은 내 예상대로 2주 정도가 지난 후부터는 아예 일기장을 꺼내지도 않았다.

사람들은 일기를 쓸 때, 눈치를 보는 경향이 있다. 이 말이 무슨 뜻이냐면, 어제 일기와 내용이 별다를 것이 없으면 괜한 자책감을 가지게 되고, 매일 같은 삶을 살았다고 생각하며 우울감에 빠지기도 한다는 이야기다. 사회에서도 이러한 경우가 있는데 그 경우가 군대라면 더 심각할 것 같다는 생각이 들지 않는가?

어제 일기에도 진지 보수 때문에 삽으로 땅을 판 것, 오늘 일기에도 진지 보수 때문에 삽으로 땅을 판 것, 내일 일기에도 진지 보수 때문에 삽으로 땅을 판 것… 이런 식으로 비슷한 내용이 무한히 반복되는 일기가 만들어질 수 있는 확률이 높은 곳이 바로 군대다.

그렇다고 매일 일기의 내용을 다르게 하기 위해서 매일 나오는 점심 식단을 적으면서 그 점심 식단을 평가하는 이상한 짓은 하지 않을 것이라고 믿는다.

일일 일기를 군대에서 쓰면 저렇게 반복적인 내용의 일기들이 생기게 될 것이다. 하지만 그 일일 일기를 주간 일기로 바꾸어 쓰면 그 내용은 확연히 달라진다. 군대에서 하는 작업들은 대체로 주 단위로 끊어서 하기 때문에, 그 내용이 다양해질 수밖에 없는 것이다. 일일 일기가 땅을 판 것으로 가득 차 있다면, 주간 일기는 '2주 전에는 훈련을 했었고', '저번 주에는 추석이 있어서 전투 휴무를 가졌으며', '이번 주에는 작업을 시작했다'라는 각기 다른 내용을 가지고 있는 일기가 될 수 있다. 또한 그렇기에 일일 일기보다 길게 쓸 수 있는 일기가 된다.

또한, 나중에 전역하고 나서 군 생활에 대한 향수가 갑자기 생겨 일기를 다시 보게 되었을 때도 아무래도 일일 일기보다는 주간 일기가 더 재밌을 것이다. '작업', '작업', '작업'보다는 '훈련', '휴무', '작업'이 더 읽기 편할 것이라고 생각되기 때문이다.

정리해 보자면, 결론적으로 군대에서 일기를 쓸 때, 굳이 일일 일기를 쓸 필요는 없다. 쓰는 사람도 귀찮고 읽는 사람도 버거운 일일 일기보다는, 쓰는 사람도 여유가 있고, 읽는 사람 또한 쉽고 빠르게 읽을 수 있는 주간 일기가 좋다. 주간 일기는 사회에서는 적합하지 않을지도 몰라도, 군대에서는 매우 적합한 일기다.

물론 매일매일 점호 시간이 바뀌거나, 점심밥이 맛있어서 그 맛에 대한 기록을 남기고 싶거나, 매일 있었던 일을 기록해서 나중에 보는 것이 목표라면 굳이 주간 일기를 쓰라고 강요하지는 않겠다. 그저 이 글을 통해 주간 일기의 장점에 대해 알게 되었으면 좋겠다.

3) 간단하게 쓰자

이제, 여러분이 일일 일기를 쓰기로 마음을 먹었든지, 주간 일기를 쓰기로 마음을 먹었든지 간에 일기를 쓰기로 마음을 먹었으리라고 생각하며 다음 이야기로 넘어가도록 하겠다.

막상 일기를 쓰려고 하는데, 시작을 못 하는 사람들이 생각보다 많다. 일기도 '글쓰기'의 한 종류이므로 평소에 글을 잘 쓰지 않던 사람이 갑자기 쓰게 되면 머리가 하얗게 변하고 어떤 말로 시작해야 할지 모르는 사태까지 벌어질 수 있기 때문이다. 내가 이러한 것을 아는 이유는, 이러한 상태가 되는 것이 싫어서 일기를 쓰는 것을 시작하기도 전에 포기하는 사람을 많이 봐 왔기 때문이다.

일기를 쓰는 사람들에게 가장 해 주고 싶은 말은 "쉽게 써라."다. 일기는 나 혼자만 볼 수 있고, 나 혼자만 쓸 수 있는 것이다. 물론, 일기를 꾸준히 써 왔다고 여자 친구나 부모님에게 자랑스럽게 보여 줄 수도 있겠지만, 그 사람들은 한 번만 쓱 보고 다시는 내 일기장을 펼쳐 보지 않을 사람들이다. 결국 '평생 내 일기장을 보는 건 나 하나뿐'이라는 생각으로 일기를 작성했으면 좋겠다.

그다음으로 해 주고 싶은 말은 "편안하게 쓰고 싶은 말을 써라."다. 일기를 쓰는데 남의 눈치를 보면서 어려운 말을 쓸 필요도 없고, 멋있게 쓸 필요도 없다. 만약 일기를 쓰다가 배가 고프면 그것을 "그런데 나는 왜 지금 배가 고플까?"라고 써도 전혀 상관없다. 내 일기장이니 편하게 내가 하고 싶은 말은 다 쓰면 된다. 내가 이 책을 쓰기 전에 내가 군대에서 썼었던 일기를 한 번 보았는데, "일기를 쓰고 있는데 지금 너무 졸리다.", "컵라면이나 한 그릇 끓여 먹고 자고 싶다.", "내일 점호 나가기가 정말 귀찮다." 등의 의미 없는 말이 많았다. 물론 이렇게 의미 없는 말이 일기장에 가득 있어도 상관없다. 나 혼자만 쓸 수 있고 나 혼자만 읽을 수 있는 내 일기장이니 말이다.

마지막으로 해 주고 싶은 말은 "불안하면 숨겨라."이다. 군대 생활관은 개방적인 곳이다. 본인의 개인 물품은 개인 관물대에 따로 보관할 수 있지만, 개인 관물대라고 해 봤자 누군가가 들어와서 갑자기 열고 일기를 읽어 볼 수 있는 공간이다.

솔직히 말하면, 나 또한 그런 일을 당한 적이 있었다. 내가 일기를 꾸준히 쓰는 것을 알고 있었던 선임들이, 내가 잠시 사이버 지식 정보방에 가 있는 시간 동안 내 일기장을 읽어 본 것이다. 물론, 선임들이 읽었던 부분은 대충 "윤종신 음악이 듣고 싶다."는 것과 같은 의미 없는 구절이었지만, 나는 그날 이후로 개인적인 보안에 관한 생각을 하게 되었다. 그 후로 일기장을 좀 더 비밀스럽게 적을 방법을 생각하게 되었다. 그러다가 결국 내가 생각해 낸 방법은 암호를 만드는 것이었다. 암호도 그렇게 어려운 암호가 아니라, 숫자로 만든 개인적인 암호였다. 만약 일기장에 쓰고 싶은데, 개인적으로 부끄러운 일이나 새어나가서는 안 될 일들이 있으면, 일기장에 따로 암호를 적어 일기를 채워 나갔다.

물론 이 책을 읽는 사람에게 암호를 만들라고 강요하는 것은 아니다. 그저 이러한 일이 발생할 확률이 전혀 없지는 않다는 것을 알고 일기를 적었으면 좋겠다는 말이다. 만약 관물대를 잠글 수 있는 열쇠가 있다면 다행이겠지만, 나처럼 관물대를 잠글 수 있는 개인 열쇠가 없다면 굳이 암호가 아니더라도 다른 새로운 방법을 고안해서 일기를 써나갔으면 한다.

굳이 이렇게까지 해서라도 일기를 써야 하나 싶겠지만, 일기는 내가 느끼는 것을 솔직하게 꾸밈없이 써야 하는 것이기 때문에, 일기를 거짓 없이 썼으면 하는 마음에서 이렇게 전해 주는 것이다.

4) 일기 쓰기의 제한 사항

그렇다면 일기를 쓰는 것에 제한 사항이 있는지 한번 생각해 보자. 주간 일기를 쓴다고 가정을 했을 때, 생각해 보면 일기를 쓰는 것에는 큰 제약이 없겠다고 생각할 수 있겠지만, 군대에는 역시 제약이 많다.

일기를 쓰는 것도 그렇다. 만약 휴가를 나가거나 부득이한 주말 근무, 훈련 등으로 인하여 일기를 쓰지 못하는 경우가 생길 수도 있다. 만약 그러한 제약이 생긴다면 어떻게 해야 하는지 간단하게 알려 주고자 한다.

먼저 가장 흔한 제한 사항은 휴가다. 4박 5일이나 5박 6일 등의 짧은 휴가를 나가는 것이면 딱히 제한 사항은 없지만, 14박 15일이나 9박 10일 등 두 자릿수가 넘어가는 휴가 일수 동안 휴가를 나가게 되면 오랫동안 일기를 안 쓰게 된다. 앞서 말했듯이 나는 휴가 때는 놀아야 한다는 주의였기 때문에 여러분에게 '소중한 나의 병영 일기'를 가지고 휴가를 나가라는 끔찍한 말은 하지 않겠다. 간단하다. 우리가 쓰고 있는 것은 '군대 일기'이다. '사회 일기'가 절대 아니다. 그러니, 이 일기장도 휴가 때는 주인처럼 놀아야 하지 않겠는가? 휴가를 나갔으면 그냥 일기장에 '휴가 중'이라는 짧은 단어를 적고 시원한 마음으로 나가면 끝이다. 물론 내 소중한 병영 일기'에도 '휴가 중'은 엄청나게 많다.

그렇다면 부득이한 주말 근무나, 훈련 등으로 인한 제약은 어떻게 해야 하는지 알려 주도록 하겠다. 이건 정말 간단한 문제다. 그날 못 쓰면 하루 미뤄서 쓰면 된다. 우리가 쓰는 '주간 일기'는 명목상 주간 일기일 뿐이다. 일주일에 한 번 쓰는 일기라는 뜻이지만, 만약 내가 일주일 중 일요일에 일기를 쓰겠다고 다짐을 하고 일기를 써나가는

데 일요일에 바쁜 일이 생겨 부득이하게 일기를 못 적게 되었으면, 그냥 월요일까지 포함해서 일기를 쓰면 된다. 월요일까지 일기를 쓰고 난 뒤에, 다시 일요일에 일기를 쓰는 패턴으로 돌아오면 끝이라는 소리다. 다시 말하지만, 일기를 쓰는 것을 심각하게 생각할 필요는 전혀 없다. 또한 어렵게 생각할 필요는 더더욱 없다.

일기를 쓰는 것에 너무 제약이 많고, 군 생활이 매일매일 비슷하거나 솔직하게 일기를 쓰는 것이 너무 귀찮다면, 특별한 일이 생긴 날에만 쓰거나 1주일에 한 번이 아닌 2주일에 한 번씩만 써도 무방하다. 이 정도 편의까지 봐 주었는데도 불구하고, 한 달에 한 번 일기를 쓰겠다고 다짐하는 비양심적인 행동은 하지 않았으면 좋겠다. 너무 날로 먹으려고 하면 의미가 없기 때문이다.

5) 군 생활 동안 빠짐없이 주간 일기를 쓰다

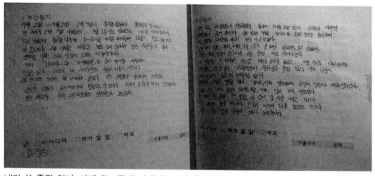

내가 쓴 주간 일기. 아래에는 군대 디데이(D-day)가 적혀 있다. 이날 나는 혼자 〈클래식〉이라는 영화를 보았다고 적혀 있다. 그리고 124권의 책을 읽은 주라고 적혀 있다

그럼, 이제 그 결과를 이야기하려고 한다. 나는 훈련병 때에는 일일 일기를 작성했고, 전입을 가서는 주간 일기로 전향하여 훈련병부터 전역 전까지 총 21개월 동안의 내 군 생활을 모두 일기에 기록했다. 물론 휴가를 나간 주에는 일기를 쓰지 않았지만, 그것은 앞서 말했듯이, 군대 일기이기 때문에 굳이 사회에 가지고 나가 일기를 작성할 필요가 없었기 때문이다.

이 일기를 쓰는 계획은 나에게 있어 참 많은 것을 느끼게 해 주었다. "지나고 나면 아무것도 아니다."라는 유명한 말이 있다. 내가 작성했던 일기장을 보면서 가장 많이 생각났던 말이다. 내 일기장에는 그 옛날 북한의 목함지뢰 사건에 대한 글도 적혀 있다. 나는 당시 일병이었는데, 그날의 전쟁을 무서워하던 기억들과 '그래도 한번 버텨보자'라고 다짐하며 버텼던 생생한 기억들이 일기장에 고스란히 담겨 있다.

내 '소중한 나의 병영 일기'는 지금도 항상 내 침대 바로 옆에 놓여 있다. 컴퓨터를 하다가 심심하거나, 좋지 않은 일이 있을 때, 좋은 일이 갑작스럽게 생겼을 때 나는 가끔 일기를 펼쳐 읽어 보곤 한다. '옛날에 내가 힘들었을 때는 이랬었구나', '기뻤을 때는 이랬었구나'와 같은 나름의 자아 성찰을 하며, 더 그 기분을 온전히 느낄 수 있다.

아마도 일기를 쓰는 활동을 계획하고 이 계획에 성공한다면, 나중에 읽기 싫어도 한 번쯤 예전의 일기를 다시 읽게 되는 경우가 생긴다. 물론, 억지로 읽는 것이 아니라 손이 자연스럽게 가게 된다.

그리고 군대에서 썼었던 일기장을 다시 한번 읽게 된다면 '정말 그때는 왜 그랬을까'와 같은 생각을 수없이 하게 될 것이다. 물론 이는 나름대로 추억이 될 것이다.

앞에서 말했던 책을 읽는 것이나, 독후감을 쓰는 것, 혹은 공부를 하는 것은 군대에서 하고 난 뒤에는 더 이상 하지 않을 수도 있다. 그래서 언젠간 기억하지 못하게 될 수도 있다. 하지만 일기는 다르다. 정말 한 번 쓰면 평생 기억에 남는 것이 일기다.

물론, 전역하고 나서 다시 군 생활에 관해 생각하는 것은 암울하고 쓸모없는 일이지만, 그때 당시에 내가 생각했던 것을 읽고, 추억을 회상하는 것은 생각보다 재밌다. 나는 이 책을 읽는 사람들이 한 번쯤은 그러한 경험을 했으면 좋겠다.

6. 50만 원 이상 저축하기

이 이상한 책을 내가 끈기 있게 다 쓸지도 모르고, 이 이상한 책이 실제로 기적처럼 출판될지도 모르겠지만, 아마 이 계획을 읽는 독자들은 위의 제목을 보고 '고작 50만 원이라고?'라는 의문을 가질 수 있을 것이다.

내가 현재 글을 쓰는 시점은 2017년으로, 내가 글을 쓰는 2017년도의 병장 월급은 21만 원이다. 물론 내가 병장으로 군 생활을 했던 2016년에는 병장 월급이 막 20만 원을 넘었을 때였다. 여기서 내가 하고 싶은 말은, 이 책이 정말 낮은 가능성을 극복하고 출판되었다고 가정했을 때, 시간이 지나서 군대 월급이 오른 시점에서 이 책을 읽게 된다면, 무조건 50만 원보다는 목표를 크게 잡았으면 한다는 것이다.

본론으로 돌아와서, 군대에서는 의외로 돈이 나갈 곳이 많다. 사이버 지식 정보방은 무료인 곳도 많지만, 무료가 아닌 부대에서 생활한다면 그 비용이 적지 않게 나간다. 또한 우리가 사용해야 하는 치약, 샴푸, 린스, 로션 등의 소모품부터, 자주 망가지는 칫솔, 면도기 등에 대한 비용도 만만치 않다. 게다가 가끔 냉동식품도 먹어야 하니, 큰돈을 남길 수 없는 곳이 군대다. 어디 이뿐이겠는가, 흡연자라면 담배를 매일 사야 하고, 휴가를 나가면 옛날과 다르게 군인도 돈이 많다는 인식이 사회 전반에 퍼져 있어 친구들과 술자리에 나가서 더치페이하다 보면 어느샌가 나에게 남는 돈은 10만 원 단위가 아니라 천 원 단위까지 내려올 수도 있다.

사실 군대 내에서 돈을 모으는 것은 쉬운 것처럼 보이지만, 꽤 어려운 일이다. 군대에서는 월급을 주고 그 월급을 다시 가져가려고 하는 시도가 많기 때문이다. 대표적인 예로는 노래방, 플스방, 건조기 등이 있다. 다시 말해 우리의 돈을 탐내는 악랄한 것이 많은 곳이 바로 군대다.

그렇다면 이 책을 읽는 사람이라면 돈을 가장 쉽게 저축하기 위한 방법으로 '적금'을 생각할 수도 있다. 하지만 나는 '적금'을 드는 것을 정말 엄청나게 싫어한다. 물론, 그 이유는 뒤에서 설명할 것이다. 그렇다면, 이제 돈을 모으는 방법에 대해서 구체적으로 설명하도록 하겠다.

1) 한 달에 버는 돈이 얼마인가

돈을 모으기 전에 가장 중요한 것은 바로 본인의 '수입'을 계산하는 것이다. 수입이 한 달에 50만 원도 안 되는 사람이 1억 원을 모으겠다고 다짐하면 그건 누가 들어도 말도 안 되는 계획이다.

군인의 수입은 점점 올라간다. 가만히 숨만 쉬고 있어도 받을 수 있고, 아무것도 하지 않아도 알아서 통장으로 잘 들어오는 수입이다. 고정적이지만, 점점 그 양이 커지는 신기한 수입이다.

돈을 모으기로 결정했다면, 자신이 군 생활을 하면서 총 얼마를 벌 수 있는지 계산해 보기를 바란다. 그 뒤 그 계산 결과로 나온 돈의 20%만 저축을 해도 성공이다.

의외로 군대에서는 돈을 주는 특별한 경우가 많다. 많은 군인이 잘 모르는 사실이지만, 군대에서는 첫 휴가를 나갈 때 부모님께 효도하라는 의미에서 만 원의 보너스 금액인 효도 비용을 준다. 물론 여기서 내가 설명하는 것은 모두 2016년 기준이라는 것을 알아두고 넘어갔으면 한다.

만약 금액이 이것과 현저하게 차이가 난다면, 이 글을 쓰고 있는 나도 그 금액이 얼마나 올랐는지 궁금하니 금액이 이렇게 올랐다고 연락 한 번 주길 바란다.

아무튼, 효도 비용을 제외하고도, 계급이 바뀔 때마다 주는 진급 비용, GP나 GOP와 같은 작전 지역이나 혹은 더 위험한 곳에 들어갈 때마다 주는 적지 않은 큰돈인 '생명수당', 전역할 때 소소하게 챙겨 주는 '전역 비용' 등 군대는 많은 부분에서 금전적인 지원을 해 주고 있다. 물론, 이 지원 금액 또한 서서히 올라갈 것이며 앞으로 더 많은 지원 금액의 종류가 생길 것이라고 생각한다.

이제 이 모든 것을 정리해 보자면, 군대의 월급과 받을 수 있는 총금액은 점점 올라가기 때문에 책을 읽는 시점이 2016년이 아니라면, 더 많은 돈을 목표로 삼아서 저축하길 바란다.

이 단락을 쓰면서 느낀 건데, 정말 군대 월급은 예전보다 많이 올랐다. 그래도 오해는 하지 마라. 재입대는 절대 없다.

2) 한 달에 쓰는 돈은 얼마인가

한 달에 벌 수 있는 돈을 계산했으면, 그다음으로 당연히 해야 하는 것이 있다. 바로 본인이 쓰는 돈이 얼마인지 계산해 보아야 한다.

군대에서는 현금이 귀하다. 군대 내에 ATM 기기가 있는 부대도 몇 군데 있지만, 내가 나온 부대를 포함한 대부분의 군대에는 ATM 기기가 없다.

주로 카드를 써야 하는 군대의 환경은 우리가 현금을 사용할 때보다 지출에 대한 감각을 무디게 하여 돈을 마구 쓰는 생활 패턴으로 변화하게 만든다.

사회에서는 카드를 사용하면, 바로 핸드폰으로 문자가 온다. "어디서 얼마를 사용하셨습니다. 남은 금액 XXX." 등의 문자가 그것이다.

하지만 군대는 다르다. 카드에 있는 돈을 사용한다고 해서 남은 잔액이 얼마인지는 아무도 모른다. 그래서 '이 정도만 샀으니깐 아직 많이 남았겠지'라는 생각을 자주 하게 된다. 물론 그러한 생각 때문에 카드 잔고는 점점 천의 자리로 향한다.

사실, 이러한 부분을 가장 쉽게 해결할 수 있는 방법은 바로 여러분들이 옛날에 많이 써 보았던 용돈 기입장을 적는 것이다. 그래도 이건 만 20살 이상의 성인인 군인들에게는 별로 좋지 않은 방법이다. 또한, 군대에서 돈을 쓸 수 있는 곳은 제한되어 있기 때문에, 자신의 소비 습관은 자신이 가장 잘 알고 있을 것이다.

우리가 캐치해야 할 부분은 사실 다른 곳에 있다. 한 달 단위로 외박과, 외출, 그리고 휴가에서 사용하는 돈이다.

군대에서 죽어라 아껴서 한 달에 만 원만 지출했다고 해도, 외박을 나가게 되면 하루에 25만 원까지도 쓸 수 있다. 물론 경험담이다.

군대 주변에 있는 모든 업소는 대부분 다른 지역의 업소들보다 물가가 비싸다. 이것은 기정사실이다. 내가 외박을 나갔을 때만 해도, 그 주변 피시방은 전부 한 시간에 1,500원이라는 가격이었다. 이는 다른 지역의 피시방에 비하면 다소 살인적인 가격이었다. 또한, 외박은 하룻밤을 자고 다음 날 복귀하는 것이라 숙박을 위해 숙소를 잡아야 했는데 그 비용 또한 만만치 않았다. 내 경험에 의하면 내가 있었던 위수 지역의 숙소는 매우 좁은 공간에 열악한 시설이었음에도 불구하고 1박에 20만 원이라는 어마어마한 금액을 요구했으니, 정말 이 말은 기정사실이라고 당당하게 말할 수 있다.

그렇다고 휴가를 나가거나 외박을 나가는 사람을 붙잡고 나가지 말라고 할 수는 없다. 물론 그러고 싶지도 않다.

다만, 휴가나 외박을 나갈 때는 지출을 평소보다 좀 더 유의했으면 좋겠다는 생각이다.

개인적인 경험담으로는, 나는 외박 때 하루에 40만 원을 쓰고 부대로 복귀한 적도 있었다. 그 돈을 사용할 때는 현금이 아닌 카드였기 때문에 내가 얼마나 사용하고 있는지도 몰랐으며 별로 많이 썼다는 느낌도 없었다. 하지만, 나중에 부대에 돌아와 카드에 남아 있는 잔액을 조회했을 때는 정말 탈영하고 싶은 마음까지도 들었다.

3) 이왕이면 적금은 들지 말자

자, 드디어 이 '저축' 관련 이야기의 핵심 주제가 나왔다. 앞서 말했듯이, 나는 적금이라는 단어 자체를 엄청나게 싫어하고, 부정적으로 바라보고 있다. 이제부터 그 이유를 설명하려고 한다.

먼저, 경험적으로는 이런 일이 있었다. 나는 비흡연자였는데, 동기가 자꾸 자기는 돈이 없다며 나에게 대신 담배를 사 달라고 부탁한 적이 있었다. 친한 동기였기 때문에 담배를 한 갑 사다 주었다. 그런데 그가 돈이 없는 이유가 궁금해서 물어보았다.

"너, 근데 왜 담배 살 돈이 없어?"

내가 물어본 질문에 그의 답은 이러했다.

"지금 한 달에 10만 원씩 적금을 들어서 돈이 없다."

무책임한 답변이었다. 그런데, 내가 알아보니 그 동기는 나 말고도 다른 동기들에게도 담배를 한 갑씩 부탁해서 얻어서 피고 있었다. 나는 그 모습을 보면서 그가 적금을 왜 들었을까 하는 의문이 생겼다.

다음으로 내가 적금을 드는 것을 싫어하는 이유를 조금 전문적으로 설명하고자 한다. 만약 어떤 장병이 입대 후 2년 동안 10만 원씩 부어야 하는 적금을 들었다고 가정해 보자. 이 적금은 2년 만기가 되었을 때 무려 5%라는 이자를 준다.

여기서 많은 사람이 5%의 이자라는 말에 혹해서 바로 적금을 들 수도 있겠지만, 나는 다르게 생각한다.

만약 2년 동안 5% 이자의 적금을 들었는데, 물가는 2년 동안 8%가 오르면 나는 가만히 앉아서 3%의 손해를 보는 것과 같다. 이게 억지처럼 들릴 수도 있겠지만 사실이다. 5년 전의 500원과 2017년의 500원의 가치가 다른 것처럼, 돈은 언제든지 그 가치가 변할 수 있다.

나는 이러한 이론을 친구들에게 많이 설명해 주었고, 친구 중 한 명은 5년 만기 시 8%의 적금을 주는 장기 적금을 바로 해지하고 투자를 시작하여 2주 만에 10%의 수익을 벌었다. 현재 그는 본인의 삶에 만족하고 있다.

군대에서 카드를 만들 때는 카드 회사에서 찾아와 적금에 대한 이야기를 반드시 한다. 사실 이것은 함정이다. 군인들이 돈을 자기의 통장에 그저 넣어두기만 하면 시중에 돈이 돌지 않기 때문에, 카드사에서 그 돈을 적금의 형태로 위임받아 사회에서 돈이 돌게 하려는 일종의 책략인 것이다. 다시 말해서 달콤한 꿀이 발라져 있는 함정이므로 빠지면 안 된다.

군대에서 적금을 많이 들어서 만족한 사람은 난 단 한 명도 보지 못했다. 반면에 적금을 들어 통장에 돈이 없어 부모님께 손을 빌리거나, 동기들에게 담배 한 갑만 사달라고 하거나, 휴가를 나가서도 통장에 돈이 없어 크게 놀지 못하는 등 적금을 든 것을 후회하는 사람은 수도 없이 많이 보았다.

물론 그들은 자신의 선택이 옳다는 생각을 꾸준히 하고 있기 때문에, 뭐라고 하면 싸우게 될 수도 있으니 조심해야 한다.

다시 한번 짧고 굵게 정리를 하자면, 적금은 들지 말자. 적금이 자신의 발을 조여 오는 족쇄로 돌아올 수도 있다. 만약 적금을 꼭 들어야겠다고 한다면, 최대한 낮은 금액으로 적금을 들자.

4) 솔직하게 말하면, 군 생활 동안 모은 돈은 이틀이면 끝난다

자, 그럼 이제 좀 다른 말을 하려고 한다. 만약 계획에 맞게 군 생활 동안 50만 원의 돈을 모았다고 가정해 보자. 그렇다면 이 돈은 어떻게 해야 좋을까?

옷을 살 수도 있고, 평소에 보고 싶었던 영화를 몰아 보면서 돈을 사용할 수도 있고, 군대에서 먹지 못했던 것들을 실컷 먹으면서 모았던 돈을 다 쓸 수도 있다.

재밌는 사실은 군대에서 50만 원을 모았든지, 100만 원을 모았든지, 심지어 200만 원을 모았든지 간에 그 돈은 짧게는 이틀, 길게는 일주일이면 다 쓰게 된다. 이것 또한 내 경험담이다. 200만 원을 모아서 전역한 후 술값으로만 80만 원을 쓰고 일주일 만에 군대에서 모았던 돈을 다 쓴 친구를 본 것도 나의 경험담이다.

일단, 군대에서 전역하면 이상한 자만심이 생긴다. 그것도 적은 양이 아니라 어마어마하게 큰 자만심이다. 그 자만심은 뭐든지 할 수 있을 것 같으며, 내가 이 사회의 주인공이라는 이상한 자만심이다. 그런데 그러한 자만심 때문에 가장 많이 나가는 것은 술값이다.

'군대에서 모은 돈이지만, 한 번쯤은 괜찮겠지!'

'전역해서 기분 좋은데 한턱내야지!'라는 생각으로 모았던 돈을 다 쓰게 된다.

그렇다면, 여러분은 여기서 의문점이 들어야 한다. '왜 이 책을 쓰는 사람은 이틀 만에 돈을 다 쓸 것을 알면서도 돈을 모으라고 하지?'라는 의문 말이다. 사실 나 또한 군대에서 모은 돈을 이틀 만에 다 써버렸다. 아무리 힘겹게 모은 돈이어도, 그 끝은 모두가 같다. 하지만, 내가 돈을 쓴 곳은 술값이 아니라는 것을 알아줬으면 한다. 내가 돈을 모으라고 한 이유는 바로 전역 후의 사회생활을 준비하기 위해서 돈을 모으라고 한 것이다.

돈을 너무 많이 모아서 나가면, 그것은 자만심이 되어 버려서 돈을 펑펑 쓰게 만든다. 또한 돈을 너무 적게 모아서 나가면 돈을 쓰는 것이 무서워서 아무것도 하지 못하게 된다. 하지만 내가 모은 돈인 50만 원은 적지도, 많지도 않은 애매한 금액이다.

50만 원은 내가 사고 싶었던 물건을 사고 난 뒤에, 사회에서 필요한 여러 물건을 살 수 있는 충분한 금액이다.

나는 그 50만 원으로 평소에 갖고 싶었던 게임기를 샀으며, 나머지 돈으로는 옷을 사고, 복학할 때 필요한 학용품과 기타 개인용품을 사는 데 다 썼다.

나는 이 단락에서 계속 '돈을 이틀 만에 쓰는 것은 모두가 다 똑같다'고 했지만, '그 돈을 쓰는 것이 다 똑같다'는 이야기는 하지 않았다. 이게 핵심이다. "돈을 쓴다."는 문장을 무조건 술을 마시며 놀면서 쓴다는 것이 아니라, "자신에게 꼭 필요한 것을 사기 위해 쓴다."라는 말로 받아들였으면 한다.

결론적으로 다시 정리해 보자면, 우리는 군대에서 모은 돈을 짧게는 이틀에서 길게는 일주일 동안 모두 다 소진하게 되어 있다. 이 법칙은 전역한 군인 중 거의 90%의 사람들에게 해당하는 것이며, 아마 이 책을 읽고 있는 독자 여러분 또한 돈을 다 쓰게 될 것이다. 그렇다면, 어차피 다 쓰게 되는 돈이니 술과 유흥 등에 사용하지 말고, 사회생활을 할 때 필요한 것을 준비하는 용도로 사용했으면 좋겠다. 술값은 전역 후에 아르바이트해서 벌어라. 솔직하게 말하면 50만 원은 한 달 동안 아르바이트하면 부담될 만한 돈도 아니다.

7. 꾸준히 기부하기

내가 군대에서 자기 계발을 하기로 결심하고 여러 가지 큰 목표를 세웠을 때 가장 기대를 하지 않았던 목표였지만, 결과적으로 가장 큰 박수를 받은 목표는 바로 '기부하기'였다.

사실, 우리나라에서 기부 문화는 그렇게 좋은 시선으로 보이지는 않는다. 대부분의 사람은 기부할 때 그 돈이 직접적으로 어려운 사람에게 전해지는지 의심하고 있으며, 이러저러한 기부금 횡령 사건도 자주 일어나기 때문이다. 이는 기부하는 사람의 입장에서도 매달 기부할 때마다 드는 생각이다. 그래서 "'믿음'으로 기부를 한다."라는 말도 있다.

내가 기부를 처음 시작한 것은 대학교 1학년, 군대에 입대하기 약 6달 전부터였다. 당시 나는 집 근처의 정육 식당에서 아르바이트를 했는데, 마음씨 좋은 사장님 덕분에 다른 곳보다 더 많은 시급을 받으며 일할 수 있었고, 가끔은 인센티브까지 받아 돈이 남아도는 지경까지 이르렀다. 물론, 몇백만 원이 남았다는 뜻이 아니라 대학교에 다니는 학생이 쓰기에는 넉넉한 돈을 벌었었다는 뜻으로 이해해 주길 바란다. 아무튼, 그로 인해 나는 한 달에 3만 원이라는 돈을 유니세프(UNICEF)에 기부하기 시작했다. 앞서 말했듯이 돈이 어디로 새어나갈지 모르는 기부 단체의 특성 때문에, 나는 기부 단체 중에서도 가장 유명한 단체인 유니세프에 기부하기로 결정했다.

그렇게 3~4개월 동안 꾸준히 기부하다가, 갑작스럽게 통장에서 큰돈이 빠지게 된 날이 있었다. 그런데 그 큰돈이 빠진 날이 하필이면 내 통장에서 기부금이 빠져나가는 날과 겹쳤다. 그래서 그달에는 기부금을 내지 못하였는데, 바로 다음 날 유니세프에서 전화가 왔다. 기부금을 받지 못했다는 전화였다. 나는 이 전화를 받자마자, 기부를 받는 단체임에도 불구하고 독촉하는 것마냥 전화해서 나에게 따졌다는 생각이 들어 그날 바로 정기 후원을 끊어 버렸다. 나름대로 복수를 한 것이다.

그렇게 나의 기부 생활은 앞으로 평생 없을 듯했다.

1) 기부하게 된 이유

앞서 말했듯이, 나는 입대 전에 기부를 더 이상 하지 않겠다고 혼자 다짐했고, 그 실천으로 정기 후원을 끊어 버렸다. 그렇게 입대를 하였는데, 군대에서 설문조사를 하던 도중 갑작스럽게 유니세프에 대한 생각이 들게 되었다. 그 설문조사는 '입대 전에 기부와 같은 활동을 한 적이 있느냐?' 등의 질문이 포함되어 있었는데,

나는 이 부분을 읽으면서 옛날에 있었던 일을 생각하게 되었다. 가벼운 마음으로 후원을 하는 후원자에게 독촉 전화마냥 전화하는 것은 100번 생각해도 잘못되었다고 생각했지만, 후원하기로 약속을 했는데도 불구하고 후원을 하지 않은 나 자신의 행동에도 문제가 있었다는 생각이 들었다.

나는 짧은 생각 끝에 훈련병 생활이 끝나고 자대에 가면 다시 기부를 해야겠다고 생각하게 되었다.

그렇게 길고 길었던 훈련병 생활이 끝나고 수료식 당일, 나는 한 달 만에 그리웠던 핸드폰을 받고 나서 밀렸던 연락을 하고 난 뒤에, 유니세프 홈페이지에 들어가 다시 정기 후원을 신청했다.

물론, 여담이지만 이날 기부 계좌용 카드를 등록할 때 군대 월급 카드가 아니라 돈이 한 푼도 없는 다른 카드로 잘못 신청하여, 이등병 생활 때는 기부를 한 푼도 하지 못하는 상황이 벌어지고야 말았다. 그래도 신병 위로 휴가를 나가서 바로 기부하는 것을 신청했으니, 내가 매일 하는 말이지만 안 하는 것보다는 백 배는 나은 행동이었다.

2) 기부할 수 있는 단체

나는 군 생활 동안 단 한 곳, 유니세프에만 한정적으로 기부했다. 여러분이 만약 기부하기로 마음을 먹었다면, 여러 곳을 추천해 주려고 한다.

먼저 기부 방법이 가장 간단하고 가장 유명한 곳은 유니세프다. 유니세프는 지역과 인종의 구별 없이 아동을 위한 지원 활동을 하는 곳으로 유명한데, 특히 한국전쟁 이후 한국의 아동을 많이 지원해 준 것으로도 유명하다. 그로 인하여 한국 사람들은 받은 만큼 돌려주자는 생각으로 유니세프에 기부를 많이 하는 듯하다.

두 번째로는, 요즘 꽤 큰 이슈로 떠오르는 유기견을 보호하는 센터인 종합 유기견 보호센터다. 종합 유기견 보호센터에서는 후원 게시판에 직접 글을 올릴 수 있는데, 전국에 있는 많은 유기견 보호센터에서 글을 직접 올리기 때문에, 꼼꼼히 살펴보고 난 뒤에 기부할 수 있다. 게다가 무료로 강아지와 고양이를 분양받을 수도 있으니 한 번쯤 관심을 가지고 보는 것을 추천한다.

그 외에도 기부할 수 있는 곳은 여러 곳이 있다. 예를 들면 장애인을 위해서 기부할 수 있는 단체도 꽤 많은 편이며, 노인, 범죄 피해자, 소년가장, 심지어는 북한 아동들에게까지 기부를 할 수 있는 단체도 있다.

기부할 수 있는 단체는 한국에 정말 많이 자리 잡고 있다. 하지만, 내가 앞서 말했듯이 그 돈이 어디로 가는지 모르기 때문에 기부하기로 마음을 먹었다고 해도 바로 아무 곳에나 기부하지 말고 그 단체에 대해서 좀 더 자세히 조사해 보고 난 뒤에 기부하기 바란다. 만약 꾸준히 내가 기부하던 단체가 갑작스럽게 공중파 뉴스에 횡령이라는 단어와 함께 나온다면 그건 정말 누군가가 내 뒤통수를 개머리판으로 세게 내려친 것 같은 기분일 것이다.

아무튼, 만약 이 구절을 읽었다면 더 이상 "기부를 할 곳이 없어서 기부를 못 하겠다."라는 말은 하지 않았으면 한다. 우리들의 후원을 기다리고 있는 기부 단체는 어마어마하게 많다.

3) 계급과 기부

기부할 곳을 정했다면, 다음으로 해야 할 중요한 한 가지 일이 있다. 바로 기부할 때 가장 중요한 요소인 '금액'이다.

사실 군대에서 받는 월급으로 기부를 한다는 것 자체부터가 박수를 받아야 마땅하다. 내가 이등병 시절에 받았던 월급은 대략 12만 원 정도였고, 일병 시절에 받았던 월급은 대략 14만 원이었다. 나는 이등병 시절에는 내 실수로 인하여 기부하지 못했지만, 일병 시절에는 한 달에 3만 원이라는 돈을 기부했다.

나는 일병 시절에 3만 원이라는 돈을 꾸준히 기부하면서 많이 생각했다. 내가 군대에서 진급하여 일병에서 상병이 된다면, 기부금을 늘려야 하는지에 대한 생각이었다. 나는 이 생각을 일병 생활 내내 했다. 만약 내가 계급에 따라서 기부금을 올린다면, 상병 때에는 얼마를 기부해야 하며, 병장 때에는 더 큰 금액으로 얼마를 기부해야 하는가에 대한 생각을 꾸준히 했다.

그렇게 고민하다가, 내 나름대로 계획을 세웠다. 일병 때 3만 원을 기부했으니, 상병 때에는 만 원이 추가된 4만 원을, 병장 때에는 거기에 만 원이 더 추가된 5만 원을 꾸준히 기부해 보자는 생각이었다. 이는 대략 일병 때 14만 원, 상병 때 28만 원, 병장 때는 20만 원이라는 기부금을 내게 되고, 군 생활 동안 총 62만 원이라는 큰돈을 기부하게 되는 계획이었다.

앞서 말했듯이 나의 목표 중에는 군 생활 동안 50만 원을 저축하자는 계획도 포함되어 있었다. 돈에 관한 계획을 두 가지나 세우고 나니 적잖은 부담이 생기게 되었다. 지금 생각해 보면 군 생활 동안 벌 수 있는 월급은 대략 200~300만 원 사이였는데 그 월급으로 어떻게 기부했고 어떻게 돈을 모았는지, 참 악착같이 살았다는 생각밖에 들지 않는다.

본론으로 돌아가서, 62만 원이라는 꽤 적지 않은 돈을 기부하기로 계획하고 나는 군대에서 다시 한번 기부 활동을 시작했다.

4) 결국 50만 원 넘게 기부하다

2017-05	난민어린아돕기	CMS	2017-05-15	10,000원
2017-04	난민어린아돕기	CMS	2017-04-17	10,000원
2017-03	난민어린아돕기	CMS	2017-03-15	10,000원
2017-02	난민어린아돕기	CMS	2017-02-15	10,000원
2017-01	난민어린아돕기	CMS	2017-01-16	10,000원
2016-12	난민어린아돕기	CMS	2016-12-15	10,000원
2016-10	난민어린아돕기	CMS	2016-10-17	50,000원
2016-09	난민어린아돕기	CMS	2016-09-19	50,000원
2016-08	난민어린아돕기	CMS	2016-08-16	50,000원
2016-07	난민어린아돕기	CMS	2016-07-15	50,000원
2016-06	난민어린아돕기	CMS	2016-06-15	40,000원
2016-05	난민어린아돕기	CMS	2016-05-16	40,000원
2016-04	난민어린아돕기	CMS	2016-04-15	40,000원
2016-03	난민어린아돕기	CMS	2016-03-15	40,000원
2016-02	난민어린아돕기	CMS	2016-02-15	40,000원

나의 기부 내역. 2016년 2월에는 상병이어서 4만 원을, 2016년 7월에는 병장이어서 5만 원을 기부했다. 그 외에 만 원은 전역하고 난 뒤에 기부한 금액이다

이제 그 결과를 말하려고 한다. 나는 군 생활 동안 총 52만 원 정도의 금액을 기부했다. 금액이 확실하지 않은 이유는 유니세프에서 2년 이내의 후원 내역만 조회할 수 있기 때문이라는 점을 이해하고 넘어가 주길 바란다.

사실 내가 군대에서 기부하겠다고 다짐했을 때, 주변 선임들은 내가 기부하는 것을 말리기도 했다. 그들은 나에게 나중에 가면 경제적으로 힘들어질 수도 있을 것이고, 기부하다 보면 나중에 아무것도 남지 않는다는 등의 이유를 댔다. 사실 군대를 전역하고 군대 내에서 기부를 하는 활동에 마침표를 찍으면서 나는 이 말들을 다시 한번 떠올리게 되었다. 그때, 의외로 저 말들이 맞았을지도 모른다는 생각을 하게 되었다.

　나는 군대에서 기부하며 경제적으로 어려웠던 적이 꽤 많이 있었다. 그리고 아무것도 남지 않는다는 말 또한 지금 글을 쓰면서 생각을 해 보니 맞는 말이었던 것 같다는 생각이 든다. 하지만 다시 생각해 보면, '내가 만약 기부 활동을 하지 않았으면 저 돈을 더 의미 있는 곳에 썼을까?'라는 생각도 가끔 하게 된다. 그 질문에 대한 나의 대답은 당연히 '아니다'이다.

　군대에서의 기부 활동은 정말 기부하고자 마음을 먹었을 때부터 심리적 부담을 가지고 시작하게 된다. 막상 시작할 때 얼마를 기부해야 하는지부터, 어떤 곳에 기부를 해야 할지, 내가 왜 기부를 하고 있는지 등의 자괴감까지 들 수도 있다. 사실 이 책을 읽는 독자에게 위에서 소개했던 자기 계발 활동들은 꼭 한 번은 해 보라고 당당하게 추천해 줄 수 있다. 하지만, 기부만큼은 다르다. 기부는 억지로 하는 것이 아니라, 여유가 있을 때 하는 것이라는 것을 한 번 더 생각해 보고 시도하길 바란다. 물론, 기부한다면 좋겠지만, 군인이 가난하다는 것은 누구나 아는 사실이기 때문에 굳이 무리하지 않아도 된다는 말을 해 주고 싶다.

5) 전역해도 기부는 계속된다

현재 내가 글을 쓰고 있는 시점은 2017년 11월이다. 내가 전역한 지 1년 하고도 일주일밖에 지나지 않은 시점이다. 나는 병장 때 한 달에 5만 원씩 기부하면서 한 가지 생각을 했다. 내가 계급별로 만 원씩 추가하며 기부를 하고 있는데, '만약 내가 전역을 한다면 또 얼마를 기부해야 하는가?'라는, 꽤 내 인생에 있어서 크나큰 결정 이 포함된 생각이었다. 나는 사실 '사회인이 되면 6만 원을 기부해 야겠다'라는 생각을 하기도 했었다. 군인으로 있을 때보다 더 큰돈 을 벌고 더 여유가 생길 줄 알았기 때문이다. 하지만 그것은 오산 이었다. 오히려 사회에 나오니, 매일 같은 옷만 입던 군대에서와는 다르게 옷을 사 입어야 하고, 친구를 만나면 밥값도 들어가며, 사 회에서 쓰는 기타 비용이 군대에서 사용하는 금액의 몇 배나 더 들어간다는 것을 깨닫게 되었다. 그래서 군대에 있을 때보다 사회 에 있을 때 더 금전적으로 여유를 느끼지 못하였으며, 그로 인하 여 경제적으로도 약간 어려운 상황에 부닥치게 되었다.

물론, 이 경제적으로 어려운 상황은 나의 기부 생활에도 큰 타격 을 주었다. 전역하고 바로 그다음 달에 통장에 6만 원이 없어 기부하지 못하게 된 것이었다. 나는 이때 적잖은 충격을 받았다. 내가 돈을 펑펑 썼다는 것에도 충격을 받았고, 내가 전역하고 결심했던 한 가지 목표가 이렇게 허무하게 끝나 버렸다는 것에도 충격을 받았다.

나는 그날 이후 다시 한번 기부에 대해서 생각하게 되었다. 꼭 큰돈을 주는 것만 기부가 아니라, 나보다 어려운 사람이 있다는 것을 생각하고 기억해 주며, 도와주려고 하는 마음에서 해야 하는 것이 기부라는 생각을 하게 되었다. 나는 그날부터 한 달에 6만 원씩 기부하던 금액을 한 달에 만 원으로 줄였다.

하지만, 내가 6만 원이라는 거금을 기부하려고 하다가 만 원으로 바꾼 것에 대해서 그 누구도 뭐라고 할 사람은 없다. 당연한 것이다.

기부를 하다 보면 기부 금액에 심리적으로 큰 부담감을 느낄 수도 있다. 나 또한 그랬다. 하지만, 그 부담감을 절대 느끼지 않기를 바란다. 기부하는 것보다 큰 관심을 가지고 기억을 해 주는 것이 더 큰 효과를 줄 수 있기도 하다. 즉, 물질적으로만 기부하는 것이 아니라 정신적으로도 기부할 수 있다는 점을 알아두고 갔으면 한다. 앞서 말했듯이, 기부는 꼭 억지로 하지 않아도 된다.

이제 결론을 말하자면, 나는 유니세프에 매달 만 원을 후원하면서, 조금은 경제적으로 여유가 생기게 되었다. 그로 인해 유니세프가 아닌 다른 기관에도 관심이 생기게 되었으며, 최근에는 집 주변에 있는 보육원에도 정기 후원을 신청하여 유니세프 한 곳뿐만이 아니라 복수의 기부 단체에 기부하기 시작했다. 물론, 내가 옛날에 한 기부에 비하면 적은 금액이지만, 앞서 말했듯이 기부는 돈으로 하는 게 아니라는 것을 꼭 알아두고 넘어갔으면 한다. 또한 기부는 억지로 하는 것이 아니다.

8. 그 외의 이야기들(실패한 것들)

그렇다면 이제 앞에서 말했던 이야기와는 조금 다른 이야기를 하려고 한다. 앞에서는 내가 계획하고 그 계획을 달성하는 것, 즉 성공했던 이야기만 해 왔기 때문에 많이 지루했을 수도 있다. 그래서 내가 군 생활 동안 계획은 했지만, 결론적으로는 실패한 여러 가지 계획 또한 소개하고자 한다.

① 노래 악보 5개 이상 외우기

사실 나는 피아노를 약 7년 정도 배웠다. 하지만 그렇게 눈에 띄게 피아노를 잘 치지는 못했고, 그로 인해 중학교에 들어갈 때쯤에는 피아노를 그만두게 되었다. 그래도 나는 피아노를 치는 것에는 약간 흥미를 두고 있었는데, 군대에서 근무 시간에 정 할 게 없다 보니, 근무 시간에 한번 악보를 외워 보자는 생각으로 수첩에 계이름을 적어 놓고 악보를 주구장창 외운 적이 있었다. 물론 5개의 악보를 외울 수 있었으나, 결론적으로는 1개의 악보밖에 외우지 못했다. 딱히 악보를 외우는 것이 내 인생에 있어서 중요하지 않을 것이라는 생각과 그냥 악보를 보고 피아노를 치면 된다는 생각이 나중에서야 들었기 때문이다.

② 자격증 취득하기

나는 군대에 입대하기 전에, 내 군 생활에 대해 생각해 본 적이 있었다. 누구나 '군대에 가서 공부 좀 하고 와야지'라고 생각하는 것과 같이 나는 '군대에 가서 자격증이나 몇 개 따고 와야겠다'는 생각으로 입대하게 되었다. 물론 이 계획도 장기적으로 실천했다. 꾸준하게 자격증 공부를 하였으나, 결론적으로는 자격증 시험 날짜에 맞춰 휴가를 나가지 못했기 때문에 자격증을 따는 계획은 보기 좋게 실패하게 되었다.

③ 투자로 큰돈 벌기

나는 군대에서 주식 공부를 했다. 주식 공부를 하면서 나는 나름의 주식 투자 철학이 생겼고, 그로 인하여 큰 자신감 또한 생기게 되었다. 나는 그 자신감을 가지고 휴가를 나와서 바로 주식 투자에 뛰어들게 되었는데, 군대에 있으면 주식을 팔지 못한다는 점을 인식하지 못하여 아무것도 하지 못하고 내 주식이 반 토막 나는 것을 군대 내에서 구경해야만 했다.

④ 노래 실력 늘리기

나는 사실 노래를 엄청나게 못 불렀다. 물론 지금은 아주 살짝 나아지긴 했지만, 군대 내에 노래방이 있는 것을 보면서 그래도 노래 실력이 늘겠거니 하면서 나름대로 군 생활 동안 노래 실력을 한

번 갈고닦아 보자는 계획을 세우고 일주일에 한 번 정도는 노래방에 갔다. 하지만 군대 내에 있는 노래방은 오직 현금으로만 이용할 수 있었는데, 우리 부대에는 ATM 기기가 없어서 이 계획 또한 아무것도 하지 못하고 실패해 버린 계획이 되었다.

⑤ 여자 친구 만들기

이건 정말 언제 성공할지 모르겠다.

군대에서 경험한 이야기 1(유체 이탈 이야기)

군대에서 했던 자기 계발 이야기의 큰 단원의 막을 내리며, 잠시 쉬어가고자 내가 군대에서 겪었던 이야기를 하고자 한다. 많은 사람에게 이야기했지만, 많은 사람이 믿지 않는 이야기다. 물론, 나는 이 모든 것이 사실이라고 당당하게 말할 수 있다.

내 '소나기'에 적혀 있는 정확한 날짜로 하자면, 2016년 5월 8일의 일이다. 그때 나는 최전방 GOP에서 군 생활을 하고 있었는데, 당시 나는 야간이 아닌 주간에 근무를 서야 해서 정확히, 군대 시간을 기준으로 하면 22시에 잠자리에 들었다. 당시에는 GOP에 투입된 지 얼마 되지 않아서 몸이 많이 피곤했었다. 그렇게 깊은 잠에 빠져들어 갈 때쯤에, 갑자기 롤러코스터를 탈 때 느낄 수 있는 붕 뜨는 느낌이 두 번 정도 들었다. 그 당시에는 계급이 낮아 바로 눈을 뜰 수 있었는데, 눈을 뜨고 나니 뭔가 몸이 평소보다 가벼워진 듯한 느낌이 들었다. 아니, 몸이 가볍다 못해 어디든지 날아갈 수 있는 느낌이었다. 그렇게 '평소보다 몸이 가볍네'라고 생각한 뒤에, 몇 분 정도 더 잘 수 있는지 시계를 보았는데 6시 45분이었다. '15분만 더 자야지'라는 생각으로 잠을 자려고 했는데, 여전히 몸이 너무 가벼웠다. 정말 이상할 정도로 가벼웠다고 표현할 수밖에 없다. 아무튼 그때 나는 정말로 공중에 떠 있었다. 깜짝 놀란 내가 침대 쪽을 바라보았는데, 그곳에는 잠들어 있는 내가 있었다. 책이나 TV에나 나올 법한 유체 이탈 현상이었다. 유체 이탈이라고 생각하니, 온갖 생각이 들었다. '지금 유체 이탈을 했는데, 이 기회에 휴가를 떠나는 기분으로 집에 한 번 다녀와 볼까'라는 다소 일병다운 생각부터, '내가 만약 유체 이탈을 한 상태에서 15분 후에 누가 내 몸을 건드려 날 깨운다면 나는 어떻게 되는 것일까?'라는 다소 신기한 생각까지 하곤 했다. 결론적으로는 당시에는 무섭다는 생각이 더 강했기 때문에 나는 내 몸에 다시 들어가기로 했고, 내가 잠을 자는 모습 그대로 몸을 맞춰 내 몸에 들어가 다시 눈을 감았다. 그리고 7시에 나는 정상적으로 눈을 떴다.

처음에는 이상한 꿈을 꾼 것 같다는 생각만 했다. 그리고 그날 경계 근무 때 같이 근무하러 들어간 선임에게 말해 보았다. "김 상병님. 저 유체 이탈한 것 같습니다." 아무리 말해 보아도 아무도 내 말을 믿어 주지 않았다. 나는 그날 근무가 끝나고 난 뒤에 사이버 지식 정보방에 들어가 유체 이탈에 대해 검색해 보았다. 신기하게도 유체 이탈을 경험한 사람들은 모두 '롤러코스터를 타는 것 같은 느낌'을 경험했다고 주장하고 있었다. 나는 인터넷상의 수많은 글을 보면서 '내가 유체 이탈을 한 것이 맞다'라는 확신이 들었다. 아직도 나는 주변 사람들에게 유체 이탈을 해 본 적이 있다고 자랑하고 다닌다.

가끔 친구들과 이야기할 때 나는 이 유체 이탈 경험담을 이야기하고는 한다. 하지만, 내가 이 이야기를 할 때마다 믿어주는 사람은 그렇게 많지 않다.

만약 이 책을 읽는 독자 중에서 자신도 유체 이탈을 경험했다고 생각하는 분이 있다면 나에게 연락 한 번 주길 바란다. 공통점이 더 있을 수도 있으니까.

III

군대에서 느낀 것들

인생 성공의 열쇠를 찾는
군 생활 비법

군대에서는 시간이 정말 느리게 흘러간다. 그로 인하여 절에 있는 것마냥 혼자 생각할 시간 또한 어마어마하게 많이 주어진다. 근무를 설 때나, 자기 전에나, 불침번을 설 때도 혼자 생각할 시간이 너무나도 많다. 그 생각들은 대부분 군대에 대한 생각이 아닌, 사회에 대한 생각으로 가득 차 있기 마련이다. 휴가를 나가면 무엇을 할 것이며, 전역하고 나서는 무엇을 할 것이며, 앞으로 미래에 대한 계획은 어떻게 할 것인지, 생각을 거듭하다 보면 어느새 90대의 생활까지 계획하고는 한다. 물론 하루아침이 지나면 그 전날 계획했던 것을 다 잊어버리고 다시 계획 짜는 것을 반복하면서 긴 군 생활을 보내게 된다.

나는 입대 전에 혼자 있는 것을 좋아하는 편이었다. 사람들이 쉽게 하지 못한다는 '혼밥'을 나는 무척 좋아하는 편이었다. 아르바이트가 끝나면 혼자 순대국밥을 먹으러 가거나, 혼자 편의점에 앉아 컵라면을 먹고 집에 들어가는 것을 무척이나 좋아했다. 그 이유는 혼자 있으면 생각할 시간이 많아지기 때문이었다. 나는 혼자 생각하는 것을 좋아한다. 옆에서 보면 멍을 때린다고는 하지만 사실 나는 혼자 무언가에 집중하면서 생각하는 것이다. 나의 이러한 습관이자 버릇은 군대에서도 지속되었으며, 오히려 군대에서의 생활 패턴 때문에 그 습관이자 버릇은 더 심해지게 되었다. 그래도 나는 군대에서 혼자 생각한 것들을 수첩에 적으며 기록하는 편이었기 때문에, 중복된 생각을 하지는 않았다. 물론 90대까지의 노년 계획은 일주일마다 계속 바뀌기는 했지만 말이다.

내가 군대에서 느낀 것들을 이렇게 따로 정리해서 쓰려는 이유는 하나다. 군대에서 생각하는 것과 사회에서 생각하는 것에는 큰 관점의 차이가 있기 때문이다. 나는 군대에서 느낀 것들을 옮겨 적기 위해 내가 군대에서 느낀 것들을 적은 수첩을 한번 쭉 읽어 보았다. 대부분 군대에서만 생각할 수 있는 한정적인 생각뿐이었다. 그래서 나는 이 책에서 군대에서 할 수 있는 한정적인 생각들을 사회의 시점에서 풀어 주려고 이 장을 쓰기로 하였다. 물론 내가 적으려고 하는 부분이 모든 이의 공감을 얻을 수 있지는 않겠지만, 적어도 이러한 생각을 할 수도 있다는 것을 알아두고 재미있게 읽어주길 바란다.

이 세상에는 절대적으로 참인 생각은 없기 때문에, 반박해 가면서 읽어도 괜찮다.

1. 사회는 내가 없어도 잘 돌아간다

군대에 입대하면 별생각이 다 든다. 나의 경우에는 '나 없어도 사회가 잘 돌아갈까?'라는 생각을 훈련병 시절에 꾸준히 하곤 했었다. 그렇게 훈련병 생활이 끝나고 수료식을 하는 날에 핸드폰을 오랜만에 사용하게 되었는데, 내가 없는 사회는 내가 있을 때보다 더 잘 돌아가고 있었다. 내가 입대하기 전에 친했던 친구들도 더 잘 지내고 있었고, 주변에서 챙겨 주던 사람들 또한 더 웃는 모습으로 잘 살고 있었다. 내가 없어도 내가 알던 사람들은 그들만의 인간관계를 잘 유지하며 잘 살아가고 있었다.

내가 첫 신병 위로 휴가로 3박 4일의 휴가를 나갔을 때의 일이다. 약 100일 만에 고향에 가게 되었는데, 고향에 가는 버스를 탔을 때만 해도 고향의 모습이 그대로일 것 같았다. 하지만, 내가 고향에 막 도착을 했을 때, 고향은 100일 전과는 너무나도 다른 모습으로 변해 있었다. 역시나 내가 없어도 사회는 잘 돌아가고 있었다.

휴가에서 복귀해서 근무를 들어갔을 때, 많은 것을 생각하게 되었다. 나는 입대 전에는 내가 사회에서 꼭 필요한 인물일 것이라고 항상 생각해 왔기 때문에, 내가 없다면 내가 사는 동네에서는 조그마한 변화가 나타나리라고 생각하면서 입대했다. 하지만, 휴가를 나가고 나니 나는 정말 내가 사는 작은 동네의 작은 톱니바퀴조차 되지 못한다는 것을 깨닫게 되었다.

어쩌면 지금 이 글을 읽는 사람은 나를 이해하지 못할 수도 있다. 하지만, 나에게는 그것이 적잖은 충격으로 다가왔다. 결국 이것은 내가 전역했을 때 작은 톱니바퀴의 한 부분이라도 되고자 하는 마음으로 군대에서 열심히 자기 계발을 하게 된 계기가 되었다.

이 글을 읽는 사람이 벌써 사회의 한 부분에 자리 잡고 있는 사람이라면 이 내용에 공감하지 못하는 것에 유감을 표한다. 하지만 나와 같은 평범한 사람이라면 이 글에 조금이라도 동의할 것이라고 생각한다. 지금 글을 쓰고 있는 나나, 글을 읽고 있는 독자들 모두 자신이 평범하다는 것을 알아둬야 한다. 자신이 벌써 특별하다고 생각하면 그 사람은 앞으로 나아가지 못한다. 나아간다고 하더라도 그 보폭은 매우 좁을 것이다. 자신이 평범하다는 것을 인정해야 큰 보폭으로 나아갈 수 있다. 평범하다는 것을 인정하자. 우리는 아직 사회의 작은 톱니바퀴조차 될 수 없지만, 자신이 평범하다는 것을 인정하고 노력하면 사회의 시계바늘이 될 수 있을 것이다.

2. 전역해도 입대 전과 똑같다

물론, 내 이야기는 아니라는 것을 알아뒀으면 한다. 나는 입대 전과는 확실히 달라졌다고 당당하게 말할 수 있는 사람 중 하나이기 때문이다.

나는 주변에 전역한 사람들을 꽤 많이 보았다. 내 위에 있던 선임들이 전역한 것을 자주 보았고, 나와 비슷한 시기에 전역한 동기들, 그리고 내 아들 군번까지 벌써 전역하였으니, 내 주변 사람 중에 전역한 사람은 꽤 많다.

내가 군인이었을 때는, 지금은 전역한 사람들과 이야기를 나눴었다. 모두 다른 사연을 가지고 입대했지만, 그들이 하는 이야기는 대부분 똑같았다. "군대에서 사람이 돼서 나가야지.", "전역하면 이제 막살지 않을 거야." 등의 이야기를 하곤 했다. 앞서 말했지만, 이는 수백만 명의 전역한 군인들이 모두 동일하게 하는 이야기다. 결론부터 말하자면, 나는 입대 전과 전역 후가 달라진 사람을 단 한 명도 보지 못했다. 한번 주변에 전역한 사람들을 생각해 보아라. 입대 전과 달라진 것은 주름 몇 개, 혹은 피부 상태 등일 것이다.

사실, 군대에 있을 때는 7시에 기상하는 것이 꽤 쉬워 보인다. 기상나팔이 울리기 5분 전에 눈을 뜨는 경우가 많기도 하고, 가끔 기상 2시간 전에 눈을 뜨고 시계를 한 번 보며 2시간이나 더 잘 수 있다는 행복감을 느끼고 다시 눈을 붙이기 때문이다. 하지만, 이 좋은 습관은 사회에 나오면 5일이면 끝난다. 전역하고 5일만 있으면 다시 11시에 기상을 하는 습관이 생기기 시작한다. 물론 경험 담이기 때문에 확신할 수 있다.

다음으로, 군대에서는 매일 운동이나 책을 읽는 등 자기 계발을 할 수 있는 자유 시간이 충분히 주어진다. 그러나 사회에 나오게 되면 돈이 많이 필요하게 되어 자연히 아르바이트를 하게 되므로, 자기 계발을 할 시간이 현저하게 줄어들게 된다.

마지막으로, 군대에 있을 때는 말도 많았고 표정 또한 밝았으며 주변에서 나를 찾는 사람 또한 많았는데, 사회에서는 점점 말도 없어지고 표정도 무표정으로 변해가며 필요한 경우에는 내가 직접 사람을 찾아야 하는 상황으로 변해간다. 이는 생각해 보면 당연한 것이다. 계급이 올라갈수록 표정이 밝아지는 것은 당연한 것이고, 후임들에게 이러저러한 이야기를 해 주는 등 말도 많아지며, 주변에서 나를 찾는 사람 또한 점점 많아지는 것은 군대의 당연한 특성이다. 하지만 사회에 나오면 이 좋은 습관 또한 점점 사라지게 된다.

다시 정리해 보자면, 전역 후 대부분의 사람은 아침 11시에 일어나며, 매일 일하고, 성격 또한 다시 옛날 성격으로 돌아오게 된다. 딱 쉽게 정리하자면 다시 입대 전으로 돌아오게 된다. 아쉽지만,

거의 모든 사람이 겪는 것이다.

만약 아직도 '나는 전역하면 꼭 달라질 거야'라는 생각을 하고 있다면 그 생각은 바로 버리길 바란다. 그렇다면 이 책을 읽는 독자라면 '그럼 아무것도 하지 말라는 건가?'라는 의문이 들 수도 있다. 당연히 그건 절대 아니다. 결국 이 책의 주제를 다시 한번 떠올리면 된다. 군대에서 자기 계발을 하며 했던 기록들을 전역하고 난 뒤에 다시 살펴본다면 다시 입대 전으로 돌아가고 싶다는 생각을 하지 못할 것이다. 자신이 입대 전과 달라진 모습을 생각하며 자기 계발을 해 왔던 것을 본다면, 쉽게 좋은 습관들을 버리지 못할 것이다. 이왕이면 입대 전과는 확실히 다른 사람이 되어서 전역하길 바란다.

3. 후임한테 잘해 줘야 한다

예비군 훈련장에 가서 예비군 훈련을 받을 때 간단한 정신 교육을 들었던 적이 있다. 당시 정신교육의 주제는 '군대에 대한 인식'이었는데, 시간 보내기용으로 예비군들에게 어떤 자료를 보여 주었다. 그 자료의 내용은, 군대를 전역한 사람들에게 '군대에서 가장 후회되는 것은 무엇이었습니까?'라는 설문조사를 한 것을 다루는 내용이었다. '군대에서 책을 읽지 않았던 것', '군대에서 더 열심히 하지 않았던 것' 혹은 '군대에서 운동을 더 열심히 하지 않았던 것'과 같은 쟁쟁한 후보 답변들을 제치고 당당히 1위를 차지한 답변은 '후임에게 잘해 주지 못했던 것'이었다.

만약 이 부분이 이해가 되지 않는다면 한번 생각해 보자. 우리가 만약 군대에 간다면 좋든 싫든 간에 다양한 지역에서 온 선·후임들과 적게는 1개월부터 많게는 2년까지 긴 시간을 같은 공간에서 동고동락하며 거의 가족과 같은 생활을 하게 된다. 게다가 만약 군대가 아니라 사회였다면 엄청나게 가까운 사이가 되었을지도 모르는 사이지만, 계급이 존재하는 군대이기 때문에 섣불리 다가가기가 힘들다는 제약도 있다. 아무튼, 그 긴 시간 동안 같이 생활하면서 서로 좋지 않은 감정을 가지기도 하고, 좋은 감정을 가지기도 하는 곳이 군대다. 군 생활하면서 좋은 감정을 가지고 있는 선임을 보며 '나는 군 생활을 할 때 저 선임처럼 후임을 대해 줘야지'라는 생각은 군대에 다녀와 본 사람이라면 누구나 했던 생각일 것이다. 또한, 좋지 않은 감정을 가지고 있는 선임을 보며 '나는 절대로 저렇게 하지 말아야지'라고 생각하는 것 또한 누구나 한 번쯤 겪어봤을 것이다. 거의 모든 군인의 공통된 경험이었을 것이라고 확신한다. 하지만, 자신이 후임을 받게 되면 그때 내가 싫어했던 선임의 모습을 자신에게서도 찾을 수 있을 것이다.

그렇다면, 본론으로 돌아와서 이야기해 보자. 군 생활 초기의 길잡이는 선임이다. 우리가 자대에 전입을 갔을 때 자대에서 생활하는 방법을 알려주고, 어떤 시간대에 무엇을 해야 하는지에 대해서 알려주기 때문에 선임은 길잡이와 같은 역할을 한다. 그렇다면 후임은 어떠한 역할을 하는가에 대해서 생각해 보자. 후임은 군 생활의 마침표를 찍어 주는, 답안지를 주는 선생님과도 같다.

내가 군 생활을 할 때, 나보다 한 달 앞선 선임이 한 명 있었다. 그 선임은 평소에 후임들에게 잘 대해 주지 않고, 매일 담배 또한 빌려서 피는 등, 후임들이 그 선임을 싫어하는 티가 멀리서 보아도 팍팍 보일 정도로 좋지 않은 선임이었다. 오죽하면 나에게 찾아와서 그 선임이 싫다고 상담을 요청한 사람까지 있을 정도였다. 결국 그 선임은 전역 전날 아무것도 받지 못했다. 사실 부대 내에서는 금지되었지만, 우리 부대에서는 남들 모르게 관례적으로 전역 모나 전역 복과 같은 전역 선물 등을 준비해서 전역자에게 선물하는 하는 전통이 있었는데, 그 선임은 정말 아무것도 받지 못하고 전역해야만 했다.

물론 내가 여기서 말하고자 하는 것은, 전역 선물을 받기 위해서 후임들에게 잘해 주라는 뜻이 아니다. 우리는 평소에 TV 등을 통해 "약자에게 강하고 강자에게 약하다."라는 문구를 수없이 많이 본다. 우리는 그러한 상황이나 문구를 볼 때마다 맞는 말이라는 생각을 늘 하지만, 막상 자신이 그 상황에 처하면 아무것도 하지 못하고 TV에서 보던 악한 사람처럼 행동하게 되는 경향을 보인다. 후임에게 대하는 것도 이와 마찬가지다. 우리는 우리보다 약한 사람에게 잘해 주어야 한다는 것을 누구나 잘 알고 있다. 그걸 알면서도 후임에게 잘해 주지 못하고 괴롭히기만 한다는 것은 생각 자체가 옳은 생각이 아니다.

내 얘기를 해 보자면, 나는 군 생활을 하면서 단 한 번도, 정말 단 한 차례도 후임들에게 화를 내 본 적이 없다. 오죽하면 내가 전역을 하고 나서 몇 개월 뒤에 내 후임이 나에게 전화를 해서 "형은 어떻게 후임들한테 화를 안 냈어?"라고 하면서 하소연까지 했을 정도였다.

내가 군 생활을 하던 중에 내 후임이 자신보다 더 낮은 후임에게 소위 말해서 '까는' 행동을 하고 있으면, 나는 그 후임에게 한마디 했다. "너희들 둘 중에 군대에 오고 싶어서 온 사람이 있어? 둘 다오기 싫은데도 왔는데 왜 둘이 안 좋게 가려고 하냐. 그냥 봐줘라."

내가 후임들에게 잘해 주었던 이유는 바로 이것이었다. 우리는 사실, 군인이지만 군인이 되고 싶어서 군인이 된 것이 아니다. 군인이 되고 싶었다면 부사관이나 장교 쪽을 선택하지, 일반 병사로 온 사람들은 솔직히 말해서 100명 중 99명은 억지로 온 것이다. 나는 이러한 점을 항상 생각하고 군 생활을 해 왔기 때문에, 후임들에게 도저히 훈계할 수 없었다. 후임들을 훈계하려고 하는 나 또한 군대에 오고 싶어서 온 것이 아닌데, 내가 왜 후임들을 혼내야 하는지 도저히 이해가 가지 않았기 때문이다.

이제 내 주변에는 전역한 사람들이 많다. 전역한 사람들과 술자리에 가면 비중은 작지만, 그래도 당연히 나오는 이야기는 후임 이야기다. 후임에 관해 얘기하면서, 아직도 연락하는 후임이 있냐는 질문을 다들 주고받는다. 거의 대부분은 1명, 2명 정도의 후임들과 연락하고 있지만, 나는 전역한 지 1년이라는 시간이 흘렀음에도 아직도 10명에 가까운 후임들과 자주 이야기를 나누고, 전화 통화도 가끔 하고 있다. 내가 아직도 10명 정도의 후임들과 연락하고 있다는 말을 술자리에서 할 때마다 다른 사람들은 "나도 좀 잘해줄걸 그랬다."라는 말을 한마디씩 내뱉고는 한다.

내가 군 생활을 잘했는지, 못했는지 알 수 있는 것은 후임들이 '나를 얼마나 잘 따라 주는지'로 확인할 수 있다. 작업을 나갈 때나 어떠한 훈련 일정이 생겼을 때, 선임과 후임으로 구성된 팀을 짜야 할 때, 후임들이 어느 선임과 함께하고 싶어 하는지는 눈빛만 봐도 알 수 있다. 만약 한 후임이 자신과 팀이 되었는데 실망하는 눈빛을 보인다면, 한번 자신이 평소에 후임에게 어떠한 행동을 했는지 잘 생각해 보자. 그리고 뭐가 어찌 되었든 간에 후임에게 사랑받는 선임이 되어 보자.

4. 열심히 하면 다 알아준다

군대에서는 상과 벌을 확실히 구분한다. 상이라고 한다면 포상 휴가나 외박 등의 상이 있으며, 벌이라고 한다면 영창에서 육군 교도소까지 다양한 처벌이 존재한다. 그런데 벌에 대한 기준은 매우 엄격해서, 군 생활을 하다 보면 이러저러한 다양한 사건으로 영창에 가거나 육군 교도소에 들어가게 될 수도 있다. 하지만 상은 좀 다르다. 물론, 운 좋게 지뢰를 발견한다거나 부대 뒤에서 발생한 산불을 진압하는 데 큰 도움을 주었다든가 등 누가 보아도 상을 받을 만한 것에는 상을 준다.

군대에서 하는 말 중에 흔한 말이 하나 있다. "열심히 하면 뭐 하겠냐. 아무도 안 알아주는데." 나는 이 말을 전입 때부터 들었으며, 전역하기 전날까지도 들었다. 하지만, 이는 틀린 말이라는 것을 알아주었으면 한다.

군대는 왼쪽, 오른쪽, 앞쪽, 뒤쪽 등 사방으로 선임과 후임이 있다. 무서운 말이지만 서로서로 감시할 수 있다고도 표현할 수 있다. 아무튼, 군대의 이러한 특성 때문에 우리는 누가 어디서 무엇을 했는지 금방 알 수 있다. 그리고 이러한 점 때문에 "아무도 알아주지 않는다."는 말은 모순이라는 것을 알 수 있다.

우리는 착각을 하고 있다. '누군가가 알아준다'는 것을 무조건 '장교나 부사관이 알아주어야 한다'로 착각하고 있다는 것이다. 내가 열심히 군 생활을 하고 있다는 것을 꼭 간부들이 알아야 할 필요는 없다. 같이 생활하는 선임이나 후임들이 알아주면 그만이다. 나를 예로 들자면, 내가 책을 매일같이 읽고, 운동을 꾸준히 하고 공부를 열심히 할 때도 같은 중대에 있는 부사관들이나 장교들은 내가 자기 계발을 하고 있다는 것을 아무도 모르고 있었다. 나를 알아봐 준 것은 선임과 후임들뿐이었다. 나는 상관하지 않았다. 내가 열심히 하는 것은 나를 위한 것이지, 누군가에게 칭찬을 듣거나, 더 나아가서 포상 휴가를 받으려고 한 것 또한 아니라고 생각했기 때문이다. 하지만, 내가 자기 계발을 몇 개월 동안 하던 중에 의외의 일이 일어났다. 바로 중대 내에서 포상 휴가를 받게 된 것이었다. 그 이유인즉, 같은 분대의 선임이었던 분대장이 평소 자기 계발을 하고 있던 눈여겨보다가 나를 포상 휴가 후보에 추천하였으며, 그게 받아들여져 포상 휴가를 받게 된 것이었다.

나는 포상 휴가를 받고 "열심히 하면 알아준다."는 말의 의미를 정말 뼈저리게 느끼게 되었다. 정말 누가 해도 맞는 이야기다. 열심히 하면 누군가는 알아준다.

다시 한번 말하자면, 우리는 "열심히 하면 알아준다."라는 말을 무조건 군대의 간부가 알아줘야 한다는 인식으로 받아들이고 있는데, 이와 같은 인식은 꼭 버리길 바란다. 그 말 그대로 받아들이자. 열심히 하면 누군가는 꼭 알아준다. 그뿐이다.

5. 시계는 보지 마라

군대에서 보급이 나오지 않는 물품 중에서 군인들에게 가장 필요한 것이 무엇이냐고 그들에게 질문해 보면 10명 중 9명은 분명히 '시계'라고 대답할 것이다.

군인들 대부분은 거의 시계를 차고 다닌다. 군인들에게 있어서 시계가 얼마나 중요한지는 입대 날에 입대하는 부대 앞에서 각양각색의 시계를 파는 사람들이 어마어마하게 많다는 것만 보아도 알 수 있다. 시계는 정말 중요하다. 훈련할 때, 근무를 설 때, 혹은 자다가 깨어나서 얼마나 더 잘 수 있을지를 계산할 때 등, 이처럼 쓰일 곳이 매우 다양하고 매우 중요한 물건이 바로 시계다.

하지만 이러한 시계를 잘못 쓴다면 그만큼 부작용도 매우 크다. 시계가 무슨 폭탄처럼 터지는 것도 아니고, 잘못 쓸 수는 없겠지만, 내가 여기서 말하고자 하는 것은 매일 시계를 쳐다보면서 시간을 낭비하지 말라는 것이다.

내가 훈련소에서 훈련병 생활을 할 때, 내 주변에 앉아있던 한 훈련병은 매일 시계를 보면서 훈련병 생활이 며칠 남았는지를 기록하고는 했다. 또한, 하루가 지나면 자신이 만들어 놓은 달력에 'X' 표시를 하면서 하루하루를 일일이 셌다.

우리는 시간을 자각하지 못하고 있을 때 시간이 빠르게 갔다고 느낀다. 그 예로, 우리는 좋아하는 영화를 감상하거나, 맛있는 음식을 먹을 때 시간이 생각보다 빠르게 간 것을 몇 번씩 경험했을 것이다. 그와 반대로 시간을 자각하고 있으면 시간이 매우 느리게 간다고 느끼게 된다. 시계를 한번 1분 동안 눈을 크게 똑바로 뜨고 쳐다보길 바란다. 1분이란 시간도 자각하면서 보면 어마어마하게 느리다는 것을 느끼게 될 것이다. 군대에서의 경우를 생각해 보자. 대부분의 군인은 만약 2시간 동안 근무를 서야 한다면 약 30분 정도는 시계만 쳐다보는 것에 시간을 쓴다.

우리는 모두 군대에서 시간이 정말 안 간다고 생각을 하면서 군 생활을 하고 있다. 그런데 그런 생각을 하면서 시계를 본다면 아마 시간이 4배는 느리게 갈 것이라고 생각한다. 시계는 보지 마라. 그 많은 시간 동안 시계만 쳐다보면서 시간이 가는 것을 구경하지 말고, 의미 있는 일을 하면서 시계를 보는 것을 추천한다. 아마 군 생활이 짧다고 느껴질 수도 있을 것이다.

6. 모든 계급은 똑같다.
선임을 부러워하지 마라

내가 많은 후임에게 해 준 말이 있다. "군 생활 정말 짧다."는 것과 "선임 부러워하지 마라."는 말이다. 군 생활이 정말 짧다는 말을 해 줄 때는 후임들이 많은 반감을 가지고 가끔은 나에게 반박할 때도 있었지만, 그럴 때면 나도 옛날에 군 생활이 느리게 가고 있다고 생각해 본 적이 있었기 때문에 이해해 주면서 넘어갔다. 하지만, 선임을 부러워하지 말라는 나의 말은 꼭 후임들이 알아주었으면 하는 마음으로 진지하게 이야기해 주었다.

군대에는 많은 선임이 있다. 만약, 신병으로 자대에 전입을 가면 그 부대에 있는 기존의 사람들은 전부 선임이다. 우리는 그 수많은 선임을 보며, 그들의 편안해 보이는 생활을 부러워한다. 만약 한 선임이 전역이라도 하는 날에는 정말 눈이 돌아갈 정도로 부러워하기도 한다. 하지만 나는 좀 달랐다. 나는 입대해서 훈련병이었을 때부터 어떠한 군인도 군 생활을 많이 했다는 이유만으로 부러워하지는 않았다. 거짓말 같겠지만, 이 말은 진짜다. 내가 군 생활을 많이 한 선임을 부러워하지 않았던 이유는 내 마음가짐에 있었다. 군 생활은 누구나 똑같은 시간을 보내야 한다는 것을 나는 입대 전부터 꾸준히 생각하고 있었고, 이는 사실이었다. 만약, 어떠한 선임이 전역했다면 그 선임은 맡은 바 역할을 다 했기 때문에 전역했다고 생각했고, 만약 나보다 높은 선임이 군 생활이 얼마 남지 않았다고 자랑하면 나는 부러워하기보다는 뭔가 짠한 느낌을 받았다. 분명히 이 선임도 나와 같은 시기가 있었을 텐데, 전역할 날이 얼마 남지 않았구나'라고 생각했다.

사실 그렇다. 어떠한 병장도 이등병이었을 때가 있었으며, 어떠한 예비군이라도 훈련병이었을 때가 있었다. 만약 내가 이등병이라도 그들을 부러워할 필요가 전혀 없다는 것이다. 우리는 모두 똑같은 시간 동안 군 생활을 했고, 혹은 앞으로도 해나가야 하기 때문이다.

만약, 나와 동갑인 어떤 선임이 있는데, 그는 어느새 상병을 달았고, 나는 이등병인 경우도 종종 있다. 하지만, 그 선임이 상병이라는 계급을 다는 동안 나는 사회에서 신나게 놀았으며, 오히려 그 선임보다 내가 놀았던 시간이 많기 때문에 상관없다. 아니 오히려 그 선임이 나를 부러워해야 하는 입장이 되어야 맞는 것일 수도 있다.

만약, 누군가가 군 생활을 한 달 정도 덜하거나, 군 생활 동안 로또를 맞아 큰돈을 벌거나, 휴가 때 예쁜 여자 친구가 생겨서 돌아온다면, 그것은 부러워해도 된다. 하지만, 군 생활을 오래 해서 전역할 날이 별로 남지 않았다는 자랑은 부러워하지 않아도 된다. 아니, 절대 부러워하지 마라. 군대에서는 어차피 모두가 똑같은 시간을 보낸다.

7. 대한민국은 좁고,
사람들의 이야기는 정말 많다

내가 군대에서 했던 생각 중 가장 많이 했던 생각은 바로 '대한민국은 좁지만, 사람들의 이야기는 정말 많다'라는 생각이었다.

군대에 가면 많은 지역에서 온 다양한 사람들을 볼 수 있다. 나의 경우에는 23년 동안 강원도에서 살다가 강원도에서 군 생활을 하게 되어 그전까지는 타지에 대한 인식이 별로 없었다. 그러나 군대에서 경기도, 충청도, 경상도, 전라도, 심지어 제주도까지 대한민국 곳곳에 있는 선·후임들을 만나게 되었다. 이때까지만 해도 나는 '대한민국이 참 넓구나'라고 생각했지만, 의외로 군대에서 나와 같은 고등학교를 나온 후배를 만나고, 나와 같은 동네에 사는 선임을 만나고, 다른 선임들 또한 자신의 친구가 1년 후임으로 들어오는 경우가 많아서 대한민국은 넓다고 표현하는 것보다 좁다고 표현하는 것이 더 적절하겠다는 생각을 하게 되었다.

하지만, 그 좁다고 생각한 땅에는 정말 수많은 이야기가 존재한다. 입대하기 전에는 주로 같은 동네에 있는 사람들과 이야기했던 터라 내가 느끼지 못했던 것들을 군대에서 새롭게 느끼게 되었다.

정말 세상에는 다양한 사람의 이야기가 있다는 것을 느끼게 된 것이다. 군대에 가면 정말 많은 사람의 이야기를 들을 수 있는데, 그 이야기들은 정말 각양각색이다. 뒤에서 이야기하겠지만, 어떤 선임은 몇 년 동안 집에서 나오지 않은 선임도 있었고, 어떤 선임은 랩을 전문적으로 배워서 랩 쪽으로 본인의 진로를 정한 선임도 있었다. 또한, 어떤 선임은 한 게임의 랭커로 꽤 유명한 위치에 있었으며, 어떤 선임은 글로 적을 수 없는 위험한 일을 하다가 온 선임도 있었다. 이렇듯 각기 다른 이야기를 가진 사람들이 모여 있는 곳이 군대였으며, 나는 선임들의 이야기를 하나둘 들으면서 정말 세상에는 다양한 이야기가 있다고 생각하게 되었다. 물론, 누군가가 나를 처음 본다면 내 이야기 또한 생소할 것이다. 그만큼 대한민국에는 정말 다양한 이야기가 존재하며, 다양한 사람들에 의해 매일 새로운 이야기가 쓰인다.

군대에서 경험한 이야기 2(수류탄 이야기)

하나의 큰 단원이 끝났으니 이제 화제 전환도 할 겸, 내가 군대에서 겪었던 다른 이야기를 하려고 한다.

내가 훈련병 때 있었던 일이다. 훈련병 때 나는 많은 사고를 쳐서 그렇게 좋은 시선을 받지 못하였고, 문제가 있는 병사로 점점 낙인찍혔다. 아무튼, 그렇게 훈련병 생활을 하던 와중에 수류탄 훈련을 받는 날이 오고야 말았다. 나는 입대 전에 유행했던 '서든 어택'이라는 게임을 할 때도 총을 쏘는 것보다 수류탄 던지는 것을 좋아했었기 때문에 연막탄이나 섬광탄 등을 들고 눈앞에 던지는 등의 행동을 게임에서 많이 하곤 했었다. 하지만 내가 수류탄을 던지게 된 시기는 하필이면 해병대에서 수류탄 훈련을 하다가 큰 사고가 난 뒤여서, 조교들은 훈병들에게 수류탄에 대한 위험성을 심각하게 인식시켜 주며 겁을 주었다. 나 또한 그러한 것에 겁을 먹어 '수류탄을 던질 때 사고가 나지는 않을까'라는 생각을 하면서 수류탄 교장으로 향했다.

그 수류탄 훈련의 내용은 다음과 같았다. 연습용 수류탄을 다양한 상황에서 4번 던진 후, 충분히 숙달된 훈련병은 세열 수류탄을 던지는 곳에 올라가 진짜 수류탄을 던지는 방식이었다. 나는 연습용 수류탄을 한 번 던지고 나서 갑자기 소변이 마려웠다. 그래서 가까이에 있던 조교에게 화장실이 급하다고 말했고, 조교는 화장실이 급한 인원을 몇 명 모아서 따로 화장실에 가게 하였다. 문제는 이때 발생했다. 화장실을 가는 첫 인원들이 출발하고 나 또한 거기에 있다가, 줄이 짧은 곳에 서게 되었다. 그렇게 줄이 줄어들기를 기다리고 있었는데, 무슨 일인지 줄이 줄어들지 않았다. 그렇게 내가 줄이 줄어들지 않는 이유를 물어보려고 하는데, 저 멀리서 엄청나게 큰 경례 소리가 들렸다. 바로 사단장님이 훈련병들이 수류탄을 던지는 것을 구경하러 온 것이었다. 너무 놀라서 어떻게 해야 할지 모르고 있을 때, 사단장님이 바로 내가 서 있는 줄의 맨 앞에 섰다. 그리고 우리를 보면서 한마디 하셨다.

"여기 있는 훈련병들이 이번 기수 1등부터 20등까지의 훈련병들인가?"

그때 내 동공은 엄청나게 흔들렸다. 비록 내가 내 모습을 보지는 못했지만, 정말 눈이 떨린다는 소리가 난다는 것이 무엇인지 실감할 정도로 극도의 긴장감을 느꼈다. 겨우 화장실에 가서 오줌을 싸려고 나왔다가 갑작스럽게 사단장님을 보게 되었고, 20등 안에 들었다는 이상한 사명감이 생기게 된 것이었다. 나는 당장이라도 "저는 화장실에 가려다가 줄을 잘못 섰습니다."라고 말하고 싶었지만, 누구나 이런 상황이 닥치게 되면 쉽게 아무 말도 하지 못할 것이라고 장담한다. 나 또한 그랬다. 아무튼, 그 뒤의 말이 더 충격적이었다.

"그렇다면, 각별히 안전에 주의해서 수류탄을 던져주길 바란다."

나는 이때 다리가 풀릴 뻔했다. 정말로. 겨우 오줌 한 번 싸려다가 줄을 잘못 서서 20등 안에 든 것으로 오해받은 것도 모자라 이제는 수류탄을 던져야 한다는 것이었다. 게다가 사단장님 앞에서 말이다. 나는 솔직하게 말하고 싶었지만, 이미 내 몸은 수류탄 교장으로 올라가고 있었다. 그리고 앞에서부터 수류탄을 차례대로 던지고, 드디어 내 차례가 오고야 말았다. 문제는 내가 수류탄을 던지는 사로 안으로 들어갔을 때, 수류탄 교장에 있던 간부가 나를 알아봤다는 것이다.

"네가 왜 여기에 있어?"

"잘 모르겠습니다…."

그 간부가 나를 보면서 한숨을 쉬었던 것이 생생하다. 사실 나였어도 그렇게 행동했을 것이다. 아무튼, 나는 그렇게 두 번의 수류탄을 던져야 했는데, 첫 번째로 수류탄을 던졌을 때는 긴장을 해서 약간 빗나가게 던졌고 두 번째 수류탄 또한 긴장하고 던져서 완전히 잘못된 곳에 던지고야 말았다. 물론, 다치지는 않았다.

아무튼, 그렇게 수류탄을 던지고 내려가 보니, 많은 조교가 나를 찾고 있었다. 나는 그때야 몸에 긴장이 풀리고 정신을 차리게 되었다. 그리고 조교에게 모든 것을 설명했더니 조교도 어이없다는 듯이 웃고야 말았다. 그렇게 나는 연습용 수류탄을 마저 던지고 또 수류탄을 던지러 올라가서 수류탄을 4발이나 던진 훈련병이 되었다.

나는 지금도 이 웃지 못할 군 생활의 추억을 가끔 떠올리며, 처음 만난 사람들과 화기애애한 분위기를 만들고자 할 때 가끔 이 이야기를 들려주고는 한다. 지금이야 분위기를 띄우는 용으로 사용하는 이야기지만, 정말 그때만 생각하면 다치지 않은 것이 다행이라는 생각뿐이다.

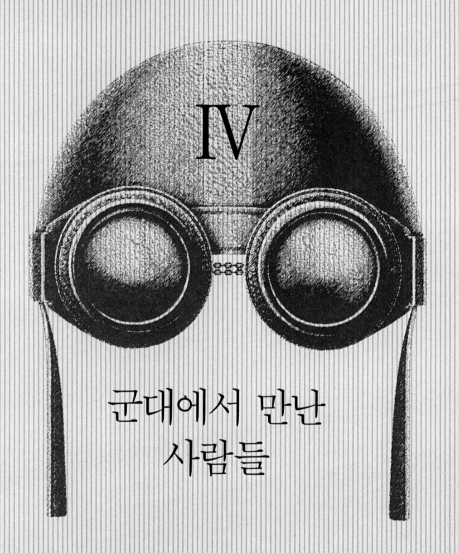

IV

군대에서 만난
사람들

인생 성공의 열쇠를 찾는
군 생활 비법

앞서 말했듯이, 군대에서는 정말 다양한 사람들을 만나게 되고, 그 사람들과는 깊은 관계가 되기 싫어도 그렇게 될 수밖에 없다. 그로 인하여 많은 사람과 다양한 이야기를 하게 되고, 서로 공감대를 형성하거나 혹은 트러블이 생겨 군 생활 내내 앙숙으로 지낼 수도 있다.

　나 또한 군대에서 많은 사람을 만났고, 다양한 이야기를 나누었다. 내 군 생활을 되돌아보았을 때, 나는 앙숙이 없었지만, 그렇다고 많은 사람과 정말 가깝게 지낸 것 또한 아니었다. 하지만 많은 사람과 다양한 이야기를 하고 관찰하며 여러 가지를 느꼈으며, 그들에게 다양한 것을 배우기도 하였고, 하지 말아야 할 것들을 느끼기도 하였다. 물론 내가 사람을 평가하는 것에는 많은 무리가 있으며 내가 누군가를 평가할 위치도 되지 않는다. 그래도 내가 보고 느낀 것을 여러분들과 공유하고 싶었기 때문에 이에 대한 부분을 적기로 결정했다. 만약, 이 책이 출판된다면 나는 이 책에 나온 모든 사람에게 연락할 예정이다. 그들이 이 책에 나온 자신의 모습을 보고 나에게 어떻게 행동할지는 모르겠지만, 그냥 웃고 넘어가 주었으면 하는 마음으로 이 장을 시작하도록 하겠다.

참고로, 설명을 추가하자면 이후의 글에 나오는 사람들의 계급은 약간의 수정을 거쳤다. 내가 병장이었을 당시를 기준으로 하거나, 내가 알고 있는 계급으로 하면 모두가 병장이 되어버리고, 그로 인해 독자분들께서 꽤 혼란스러울 수 있기 때문이다. 그래서 이 책에서 나오는 계급은 내가 한창 열심히 군 생활에 임하던 일병 5호봉을 기준으로 잡았다. 이로 인하여 큰 혼란은 없을 것이라 생각하며 시작하도록 하겠다.

1. 꿈이 확고했던 내 알 동기 문주

아마 이 책에 등장하는 군대와 관련된 인물 중에 유일하게 실명으로 소개할 인물이다. 처음에 문주에 대해 쓰려고 했을 때, 문주를 노 일병, 노 상병, 노 병장 등등 많은 다른 단어로 대체해서 거론하려고 하였지만, 문주는 나와 알 동기였기 때문에 실명을 쓰는 것이 편하고, 딱히 문제가 없을 것 같아 실명을 쓰기로 했다.

처음 문주를 만난 것은 우리 둘 다 훈련병으로 훈련받을 때였다. 당시 나는 훈련병 생활관에서 아는 사람이 아무도 없어서 쉽사리 적응하지 못하고 있었는데, 점호를 할 때마다 같은 소대에 있는 훈련병들이 모두 모여야 했다. 그때마다 나는 내 생활관이 아닌 바로 옆에 있는 생활관에 가서 앉아야 했는데, 자리가 없어 어디에 앉을지 고민하고 있을 때 문주가 자신의 옆에 앉으라고 하면서 서서히 그를 알게 되었다. 사실 그때까지만 해도 훈련병 생활에서 끝나게 될 인연이라고 생각했지만, 그와 나는 같은 연대에 가게 되었고, 같은 연대에서도 같은 대대에 가게 되었다. 사실 나는 입대할 때 친한 친구와 함께 같은 날에 입대하게 되었는데, 나와 친한 친구 또한 같은 연대에서 같은 대대까지 함께 가게 되었다. 그래서 나는 사실 그 친한 친구와 같은 중대까지 가기를 원했지만, 대대에서 갈라지게 되었다. 하지만 그래도 그 친구 다음으로 얼굴을 가장 잘 알고 있는 문주와 같은 중대에 가게 되어 마음이 한결 놓였다. 아무튼 그렇게 6명의 훈련병이 같은 중대까지 가게 되었고, 여기서 또 2명씩 3개의 소대로 나뉘게 되었다. 이때 중대장님은 우리에게 마음이 맞을 것 같은 사람끼리 손을 잡으라고 하였고, 나와 문주는 손을 잡고 같은 소대까지 가게 되었다. 그렇게 나는 문주와 2년 동안 같이 생활하며 많은 이야기를 하게 되었다.

문주와 이야기할 때 느낀 것인데, 문주는 꿈이 확고했으며, 그 방향을 향해 최대한 노력하며 나아가고 있었다. 문주는 자동차 회사에 들어가는 것을 목표로 하고 있었으며, 자동차와 관련된 과에서 공부하고 있었다. 나는 문주와 이러한 이야기를 하면서 많은 것을 느꼈다. 나는 사실 내가 공부하고 있는 '언어치료'에 대해서 큰 애정을 품고 있지 않았으며, 앞으로의 큰 계획 또한 없었기 때문이다. 한편으로는 큰 계획이 있는 문주와 이야기를 하는 것은 계획이 없는 나로서는 정말 부끄러운 순간이었던 적도 있었다.

문주와 이런 이야기를 하며 나는 큰 목표를 잡기 시작했다. 나름의 마인드맵을 그려 내가 하고 싶은 일과 해야 할 일을 구분하고, 그 일들을 하기 위해서 내가 해야만 할 일들과 노력해야 할 것들을 적어 나가기 시작했다. 그렇게 약 3개월간의 노력 끝에 내 계획을 완성했다. 군대에서의 소중한 인연 덕분에 나는 앞으로의 계획을 크게 세울 수 있었고, 그로 인해 내가 지금 해야 할 일들을 직시하고 실천에 옮기는 활동 또한 할 수 있었다. 여담으로 내가 전역하고 나서 책을 쓰자고 계획하게 된 것 또한 문주와의 이야기를 통해 세운 내 계획서에 있었던 내용이다. 아마 문주가 없었다면 나는 지금도 별다른 큰 계획 없이 살고 있었으며, 책을 쓰는 것 또한 생각하지도 못하고 있었을지도 모른다.

물론 문주와 나는 일병 때까지만 해도 매일 같이 붙어 다니며, 많은 선임에게 "동성애자냐."라거나 "둘이 사귀냐?"라는 등의 이야기를 들을 정도로 친했었지만, 계급이 높아지고 맡은 직책이 달라 결국은 전역할 때는 옛날처럼 친하지는 않게 되었다. 그래도 문주한테는 항상 고마운 마음뿐이고, 언젠가는 다시 한번 만나서 술이나 한잔하며 이런저런 이야기를 주고받고 싶은 생각뿐이다.

2. 군대에서 만난
   소울 메이트 이 상병님

　나는 자대에 전입을 간 뒤에 몇 개월이 지나도 친한 사람이 무척 한정적일 정도로 적었다. 나와 깊은 이야기를 나누는 사람은 앞서 말한 문주 정도였고, 거의 다른 분대의 선임이나 후임과는 별 특별한 이야기를 하지 않았다. 그렇게 내가 상병을 달 때쯤 우리 부대는 GOP에서 철수하게 되었고, GOP 철수에 따라서 분대를 새로 개편하게 되었다. 그리고 분대가 개편되면서 다른 분대에 있던 이 상병님이 내가 있던 분대로 오게 되었다.

　사실 이 상병님과는 이등병이나 일병 시절 때 가끔 장기를 두면서 이야기를 하는 정도의 사이로, 그렇게 '친했다'라고 표현할 수 있는 정도의 사이는 아니었다. 하지만, 그와 같은 분대가 되고 나서부터는 이야기를 많이 나누게 되었는데, 마음이 맞는 곳이 많았다. 그렇게 서로 마음이 맞는다고 생각을 하게 되어서, 남은 군 생활 동안은 거의 서로 붙어 다녔다. 군대에서는 대부분 동기끼리 같이 활동하는데, 나는 이 상병님과 같이 돌아다니면서 군 생활을 했다. 물론, 이 상병님이 전역하고 나서는 엄청나게 심심했다.

　아무튼, 이 상병님은 내가 군대에서 자기 계발을 하는 모습을 보면서 내가 대단하다고 말해 주었으며, 내가 입대 전 사회에서 있었던 일을 이야기해 주면 "너 정말 또라이였구나."라고 말해 주는 등 적극적으로 내 이야기에 호응해 주었다. 그는 나중에는 전역하고 난 뒤에, "누가 당신의 롤모델입니까?"라는 설문조사의 질문에 대한 답변으로 내 이름을 거론했다고 한다.

물론, 이 상병님과는 전역하고 난 뒤에도 연락이 끊기지 않았으며, 현재 내가 전역하고 1년이 지난 이 시점에도 일주일에 한 번씩은 꾸준히 SNS로 안부를 주고받고 있는 사이다. 내가 이 이야기를 하는 이유는 간단하다. 군대에는 수많은 사람이 있기 때문에, 자신과 마음이 맞는 사람이 꼭 있을 것이라는 말을 해 주고 싶었던 것이다. 나는 이 상병님과 마음이 맞아 전역한 뒤에 같이 6박 7일 동안 기차 여행을 다녀왔으며, 얼마 전에는 대전에서 만나 같이 피시방도 가는 등 자주 만나고 있다. 게다가 몇 년 뒤에는 같이 사업을 하기로 약속을 하였고, 유령회사를 설립하여 서로 회장, 사장의 직책을 맡았다. 물론 이 모든 것은 진짜다. 나는 '슈퍼 코끼리'라는 회사의 회장을 맡고 있다. 물론 자세한 것은 말하지 않겠다.

본론으로 돌아가서, 군대에서 만나는 인연은 모두 소중한 인연이라는 것은 분명 틀림없는 사실이다. 하지만, 이 소중한 인연 중에서도 전역하고 나서 연락을 계속할 수 있는 사람은 1~3% 정도밖에 되지 않는다. 오죽하면 같은 지역에 사는 후임과도 연락을 하지 않고 있으니, 어쩌면 1~3%도 많이 쳐 준 것일 수도 있다.

나는 실천하지 않은 부분이지만, 군대에서 같이 생활하는 선임이나 후임들과 이야기를 자주 나눠보는 것을 추천한다. 어쩌면 군대에서 마음이 엄청나게 잘 맞는 사람을 만나 인생의 목표가 크게 변할 수도 있을 것이다.

3. 할 땐 하고
놀 땐 신나게 노는 조 병장님

군대에서 가장 많이 듣는 말이 있다. 새로운 소대장이 오거나, 중대장이 오면 꼭 하는 말이다.

"할 땐 하고, 놀 땐 놀자."

어디서 이런 말을 배워 오는 것인지는 모르지만, 정말 누구나 다 똑같이 이 말을 한다. 그런데 막상 지키는 건 못 봤다. 이번에 소개하려고 하는 조 병장님은 "할 땐 하고 놀 땐 놀자."는 말을 정말 잘 지켰던 선임 중의 한 명이었다.

조 병장님은 내가 전입을 막 왔을 때 상병이었는데, 당시 내가 있던 분대의 분대장이었다. 처음 조 병장님을 보았을 때는 솔직히 아주 무서웠다. 쉽게 말하면 어디서 많이 놀다가 온 얼굴이라고 하면 상상하기 쉬울 것이다. 게다가 사회에서 랩을 하다가 온 사람이고 온몸에 문신이 있었기 때문에 더 무섭게만 보였다. 조 병장님은 내가 처음 전입왔을 때 나에게 "할 땐 하고 놀 땐 놀아라."라면서 툭 던지듯이 말했다. 나는 이 말을 그냥 아침 인사처럼 의미 없이 던지는 말인 줄로만 알았다. 그러나 그게 아니었다. 예를 들면, GOP에 투입하기 전에 GOP에서 근무를 설 수 있을지에 대한 평가를 받았던 때가 있었다. 평가를 받기 전에 약 2주일 동안 훈련을 하며 GOP에서 근무를 서는 것을 이미지 트레이닝 형식으로 연습했는데, 내가 보았을 때 조 병장님은 그다지 연습하지 않고 노는 것처럼 보였다. 그래서 마음속으로 조 병장님이 평가 때 잘하지 못할 것 같다는 생각을 했었다. 그렇게 시간이 지나고 연대에서 우리를 평가하러 나왔다. 그리고 약 3~4팀 정도만 선정하여 평가를 진행하였는데, 우연히도 조 병장님이 사수 역할, 내가 부사수 역할을 하게 되었다. 나는 많이 연습했음에도 불구하고 긴장한 나머지 실수를 연발하였는데, 조 병장님은 전혀 실수 없이 평가를 마쳐서 결국은 포상 휴가까지 받게 되었다.

나는 조 병장님이 포상 휴가를 받는 것을 보고 나서 "할 땐 하고 놀 땐 놀면 된다."라는 말의 뜻을 정말 뼈저리게 느꼈다.

그리고 GOP에 투입되었을 때도, 조 병장님은 매일 자유 시간이 있으면 TV를 보거나 사이버 지식 정보방에 가는 등 노는 모습을 자주 보였다. 그런데도 역시나 불시에 중대장님이 관물대를 검사하면 가장 깨끗한 모습을 보이고는 했다.

사실 "할 땐 하고 놀 땐 놀자."라는 말을 지키는 것은 꽤 어렵다. 우리가 시험공부할 때를 상상해 보면 이해가 빠를 것이다. 우리 중 대부분은 시험공부를 하면서 '이것만 보고 공부하자'라고 생각하고 놀다가 어느새 1시간이 지나간 시계를 보게 된 경험이 있을 것이다. 할 땐 하고 놀 땐 노는 것이 가장 힘든 이유는 '할 때는'을 통제

하는 것이 어렵기 때문이다. 나는 조 병장님을 보면서 '할 때는'을 통제하는 것을 연습했고, 그로 인하여 군 생활을 나름 성공적으로 마칠 수 있었다. 하지만, "할 땐 하고 놀 땐 놀자."가 정말 어려운 실천 중의 하나라는 것은 변하지 않을 것 같다.

4. 누구보다
후임을 아껴 주었던 조 상병님

　내가 부푼 마음을 안고 자대로 전입을 갔을 때, 기대하던 것 중의 하나는 '내 맞선임이 어떠한 사람일까'에 대한 기대였다. 훈련병 시절에도 훈련소에 있던 조교들은 맞선임을 잘 만나야 군 생활이 편하다고 종종 말했으며, 입대 전에도 아는 형들에게 선임 이야기를 많이 들었기 때문에 그 기대는 시간이 지날수록 더 커져 있었다. 그러나 내가 막 자대에 도착해서 맞선임을 만나게 되었을 때, 나는 충격을 받았다. 내가 상상했던 맞선임과 실제로 내가 만난 나의 맞선임은 그 이미지가 너무나도 달랐기 때문이다.

　내가 생각했던 맞선임의 이미지는 처음에는 예의 있게 지내다가 그가 전역할 때쯤 되면 반말을 하고 티격태격할 수 있는 그러한 친한 친구 같은 이미지였다. 그런 맞선임을 기대했는데, 내 맞선임은 나와 나이도 6살이나 차이나고, 럭비 선수 출신으로 온몸이 근육질이었다. 처음에 보았을 때는 정말 무섭다는 말 밖에는 나오지 않았던 그런 맞선임이었다.

　그러한 맞선임이 이제 막 자대에 도착한 내 짐을 직접 풀어서 정리해 주며 이러저러한 자대 이야기를 해 주었는데, 나는 사실 잘 들리지 않았다. 얼핏 보아도 그가 운동선수 출신처럼 보였기 때문에 '나는 이제 큰일 났다'는 생각만 온통 머릿속에 가득했다.

사실, 조 상병님이 맞선임이기는 했지만, 그와 내가 정말 친해지고 편해졌다고 생각한 시기는 내가 상병을 달기 몇 달 전쯤 됐을 때였다. 그 정도로 처음에는 정말 다가가기 힘들었다. 그래서인지 나는 조 상병님이 평소에 어떠한 성격을 가지고 있는지 정확히 알지 못했고, 맞선임임에도 불구하고 서로 간에 교류가 별로 없었다. 지금에 와서 하는 얘기지만 다른 소대에 있는 인원들은 내가 조 상병님의 맞후임이라는 것도 전혀 모르고 있었다고 한다.

아무튼, 이렇게 서먹서먹한 맞선임, 후임 관계를 유지하고 있었을 때쯤, 중대 내에서 모범 용사를 뽑는 활동을 하게 되었고, 그로 인해 투표를 하게 되었다. 그 후, 중대장님이 직접 개표를 하며 내용을 읽어 주었는데, 수많은 사람이 조 상병님을 칭찬하며 그를 모범 용사로 꼽았다. 그 내용은 주로 그가 후임들에게 잘해 준다는 내용이었다. 나는 그 모범 용사 투표가 있었던 날 이후로 조 상병님 그리고 그 주변에 있는 후임들과 조 상병님에 대한 이야기를 많이 하게 되었다. 후임들은 다 한결같이 조 상병님이 후임들에게 너무 잘해 준다고 이야기했다. 나는 후임들에게 그러한 이야기를 듣고 나서부터 조 상병님에게 먼저 다가가고 이야기를 하면서 많이 친해지기 시작했다.

어느 날은 이런 일도 있었다. 내가 근무를 서고 다른 선임 팀과 근무 교대를 한 뒤 인수인계를 끝내고 생활관으로 내려온 적이 있었다. 그리고 몇 분 뒤에 근무지로부터 연락이 왔는데, 근무소 내에 있어야 할 많은 것들이 비치되어 있지 않고 사라졌다는 것이었다. 분명 내가 근무를 설 때는 모든 것이 이상이 없었는데 말이다. 나는 너무 당황스러워서 다시 한번 확인해 달라고 요청했지만, 돌아오는 연락은 "없다."라는 연락뿐이었다. 그런데 이 문제를 그 선임 팀 쪽에서 바로 소대장님에게 보고해 버려서 내가 크게 혼나게 되었다. 나는 뭔가 억울하기도 해서 살짝 눈물이 고였고, 그 모습을 조 상병님이 보게 되었다. 조 상병님은 바로 그 선임들로 이루어진 팀에 전화를 걸어 화를 내었다. 그 선임 팀에는 조 상병님보다 계급이 더 높은 선임이 있었는데도 말이다. 아무튼, 그렇게 연락하고 난 뒤에, "확인해 보니 이상이 없다."라는 연락을 다시 받게 되었고 그 사건은 그렇게 마무리되었다. 그리고 다음 날, 조 상병님은 그 일에 대해 나를 대신하여 따져 주었고, 나는 다른 선임에게 사과를 받을 수 있었다.

지금 조 상병님에 대해서 다시 한번 생각해 보면, 조 상병님은 대부분 후임들을 위해서 부사관들이나 장교들에게 이야기를 대신해 주는 역할을 해 주었다. 후임들이 쉽사리 이야기하지 못하는 것을 대신 이야기할 수 있는 사람은 자신밖에 없을 것이라고 생각했기 때문일 것이다. 또한, 후임들에게 화를 내는 경우도 한 번도 없었다. 지금 다시 생각해 보아도, 조 상병님은 정말 후임들을 진심으로 동생으로 생각하고 아껴 주었던 선임이었다.

5. 묵묵히 자기 할 일을 했던
김 상병님

군대에는 자기가 '맡은 일'이 정해져 있다. 그 일은 다양한데, 크게 맡는 일로는 '직책'이 있다. 어떤 총을 들 것이며, 어떠한 임무를 맡는지에 대한 것이다.

작게 맡는 일로는 불침번, 근무 등과 같이 주기적으로 맡는 일과, 그날 있을 작업이나 제설과 같은 비주기적인 맡는 일 등 다양한 일이 있다.

군대에서 가장 유명한 말이 있다. "시키는 것만 해라."라는 말이다. 말 그대로 군대에서는 시키는 일만 하면 더 이상 피곤하지도 않고 추가적인 일을 시키지도 않는다. 정말 "시키는 것만 해라."라는 말은 지금 생각해 봐도 백번 옳은 말임이 틀림없다. 하지만, 이 "시키는 것만 해라."라는 말을 지키는 군인은 의외로 적다. 무슨 작업을 하면 의욕이 생겨서 더 많은 일을 하거나, 그 작업량에 미치지 않는 작업량을 하는 등 그 이유는 다양하다. 나는 전자보다는 후자 쪽에 속했고, 나중에 전역하기 직전에는 완전히 '놀자'라는 생각으로 군 생활에 임하여서 문제가 되기도 했다. 아무튼 시키는 것만 하는 것은 꽤 어렵다.

내가 본 많은 선임 중에 김 상병님은 정말 '시키는 것'만 하는 것을 가장 잘했던 선임이었다. 만약, 어느 날 작업이 있어서 작업하러 나가 부소대장님이나 소대장님이 개개인에게 할당량을 주고 작업을 시키면, 자신의 할당량을 금세 다 끝내 놓고 먼저 쉬고 있는 모습을 간간히 보여 주고는 하였다. 그리고 나서 그 모습을 본 소대장님이나 부소대장님이 추가적인 할당량을 주면 그때야 다시 움직여 자신의 할당량을 하고는 다시 쉬는 모습을 반복적으로 보여 주는 선임이었다.

지금 나는 글을 쓰며 이 선임의 태도를 비판하는 것이 절대 아니다. 오히려 이 글을 읽는 사람들이라면 꼭 닮아야 할 태도 중 하나라고 생각한다. 이등병이거나 일병처럼 낮은 계급을 가진 군인들이라면 이 모습이 이해가 가지 않을 수도 있다. 물론 나 또한 그랬다. 다 하고 나서 다른 사람의 할당량을 도와주는 것이 더 편할 것 같다는 생각을 하고는 했는데, 내 계급이 올라갈수록 이 선임의 행동이 이해되기 시작했다.

작업할 때 자신의 할당량 이상을 하다가는 괜히 돌발 상황을 만들어 주변 인물들에게 피해를 주는 경우가 생길 수도 있으며, 의욕 넘치게 작업에 임하다가 괜히 몸을 버리는 일 또한 생길 수도 있다. 하지만, 자신의 할당량을 채우고 앉아서 쉬면 전혀 문제 될 것이 없다. 사실 조금만 생각해 봐도 그렇지 않은가 싶다. 물론, 그렇다고 해서 계급이 이등병인데 자신의 할당량을 채우고 쉬는 사람은 없을 것이라고 생각한다. 이등병이면 선임의 할당량을 돕길 바란다.

　나는 이 선임을 보면서 점점 내 할당량만 마치는 성격으로 변해 갔고, 이렇게 나의 할당량만 하면서 이게 주변 사람들에게 더 편한 것이라는 것을 몸소 느끼게 되었다. 이러나저러나 열심히 하는 것은 정말 좋지만, 결국 중요한 것은 건강하게 전역하는 것이니 무리는 하지 않았으면 한다.

6. 승부욕이 강했던 전 일병

내가 군대에 막 전입을 가고 나서 아직 완전히 자대에 적응하지 못했을 때, 그러니까 시기로 따지자면 겨우 2주가 지난 때 나는 후임을 받게 되었다. 나도 아직 이등병이고 자대에 적응하지 못했는데 맞후임이 당장 생기게 된 것이었다. 그것도 2명씩이나. 게다가이 2명은 나와 동갑이었는데, 그로 인해 나는 선임으로서 이들을이끌어 주어야 한다는 큰 부담감에 휩싸이게 되었다. 나는 맞후임이 너무 이른 시간에 생겼다는 것을 생각하며, '무시당하면 안 되겠다'라는 생각으로 더 열심히 군 생활에 임했다.

그렇게 군 생활에 임하던 와중에, 체력 단련 시험이 있던 날이었다. 한창 내가 운동을 시작할 때 체력 단련 시험을 보게 되어서, 나는 꽤 준수한 성적을 받게 되었다. 특히, 3㎞ 달리기는 중대 내에서 2등을 했다. 문제는 그때부터였다. 맞후임 중 한 명인 전 일병이 3㎞ 달리기에서 중대 내 3등을 하였는데, 그 이후로 3㎞ 달리기를 할 때마다 나를 잡기 위해서 온갖 힘을 다 쓰며 따라오기 시작한 것이었다. 처음에는 밀리지 않았지만, 시간이 갈수록 전 일병에게 기록을 따라잡히게 되었고, 결국 연대 내에서 하는 체력 평가 때는 전 일병에게 밀리고야 말았다.

사실, 이러한 전 일병의 승부욕이 넘치는 성격 덕분에, 나도 더 발전할 수 있었다. 전 일병은 군대에 입대하기 전 중학교 시절에 농구 선수로 활약했었는데, 그 때문인지 팔굽혀 펴기를 굉장히 잘했다. 중대 내에서 팔굽혀 펴기로 1등을 밥 먹듯이 하던 그였다. 체력 시험이 있을 때마다 나는 전 일병을 이겨 보려고 악착같이 팔굽혀 펴기를 하였는데, 내가 100개를 간신히 넘겼을 때, 전 일병은 무려 120개를 하며 큰 차이를 보였다. 그래서 나 역시 전 일병과의 차이를 생각하며 운동에 열심히 임하였고, 팔굽혀 펴기를 정말 악착같이 했다. 물론 결과적으로는 나는 군 생활 동안 2분에 팔굽혀 펴기 114개라는 기록을 세우게 되었다. 물론 이는 전 일병에게는 한참 못 미치는 기록이었지만, '승부욕이 없었다면 내가 114개를 했을까?'라는 생각이 지금도 가끔 든다.

사회에서 '승부욕'에 대한 생각은 그 차이가 심하게 갈린다. 승부욕을 좋게 보는 쪽도 있으며, 승부욕을 나쁘게 보는 쪽도 있다. 하지만, 내가 생각했을 때는, 승부욕을 가지고 있되 그것을 적당하게 이용하면, 사람이 크게 발전하는 데는 그만한 것이 없다는 것을 알려 주고 싶다.

만약 군대 내에서 체력이 좋은 사람이 있다면, 그 사람에게 승부욕을 느끼고 그 사람을 한번 목표로 잡아 보길 바란다. 3㎞ 달리기를 할 때 그 사람을 목표로 잡고 죽을 만큼 따라가다 보면 평소 자신이 뛰었던 기록보다 훨씬 좋은 기록을 달성할 수 있을 것이다. 또한, 그렇게 목표로 잡은 사람의 기록을 계속 따라가다 보면 어느 순간 정말 그 목표에 도달해서 그 목표를 뛰어넘을 수도 있을 것이다.

7. 책임감이 생명이었던
   윤 상병님

군대에서는 많은 직책을 맡을 수 있다. 예를 들면 한 분대를 책임지는 분대장이나, 부분대장, 그리고 분대 내에서 응급 처치를 담당하는 의무병 등 많은 직책을 맡을 수 있다. 그중 내가 지금 소개하는 윤 상병님은 분대장으로서의 책임감을 어마어마하게 보여 준 사람 중의 한 명이다.

군대 내에서는 다양한 행사를 한다. 예를 들면 체육대회나 독후감 경연 대회, 혹은 요리 대회까지 정말 다양한 방면으로 행사를 하는데, 그중에서 분대의 지구력과 전투력을 평가하는 행사도 한다. 부대에서 분대의 지구력과 전투력을 평가하는 행사를 한다고 공지했을 때, 분대 내에서 나는 부분대장을, 윤 상병님은 분대장을 맡고 있었다. 아무튼, 그렇게 그 행사가 시작되기 일주일 전에 그 행사에 대한 것을 대대에서 우리에게 알려 주었다. 그 행사는 부대 주변에 있는 깃발을 찾는 독도법을 기본 바탕으로 하며, 그 깃발이 있는 곳에는 화생방 상황이나, 적군 포박, 수색 등과 같은 다양한 상황을 부여하는 간부들이 있다는 것이었다. 그렇게 대대 내에서 모범 답안을 알려 주었는데, 그 훈련이 있기 한참 전부터 윤 상병님은 그것을 혼자 공부하기 시작했다. 그렇게 공부하고 난 뒤에는 부분대장인 나에게 한 번 더 알려주면서 내가 숙지하도록 도와주었고, 그렇게 책임감 있게 자신의 역할을 다하는 모습을 보여 주었다. 그리고 행사 당일에는 출발하기 전에 독도법을 미리 시행하여 경로를 짠 뒤에 출발하였는데, 그 경로 또한 분대원들이 쉽게 이동할 수 있는 곳을 계산하여 경로를 짰다. 그리고 도착한 장소에 장교나 간부가 있어서, 어떠한 과제를 제시하였을 때는 먼저 앞으로 나가서 과제를 완벽히 수행하는 모습을 보여 주기도 하였다. 여담으로 윤 상병님이 3점 만점에 3점을 받았을 때 나는 3점 만점에 0점을 받는 등 책임감 없는 행동을 보이기도 하였다. 아무튼, 나는 그 행사가 끝나고 난 뒤에 책임감에 대해서 다시 한번 생각하게 되었다. 비록 내가 군인에 대한 꿈을 가지고 '군대에 꼭 가야겠다'라는 생각으로 온 것은 아니지만, 그래도 내가 맡은 일에는 꼭 책임을 져야 한다는 생각을 그를 통해 다시 한번 하게 되었다. 그날 이후로는 나도 내 직책에 맡는 행동을 하며 책임감을 가지기 시작했다. 그리고 내가 분대장이 되었을 때는, 정말 내가 해야 할 일에 대해서는 남에게 시키지 않고 책임감을 가지고 분대장 임무를 수행할 수 있었다. 물론 위에서 했던 말이 당연하다고 생각을 할 수도 있겠지만, 군대에 간 사람은 이것이 당연한 것이 아니라는 것을 알 것이다.

책임감이라는 것은 비단 군대에서만 필요한 것이 아니다. 사회에 나가서도 갑작스럽게 책임감을 필요로 하는 일을 하게 될 수도 있다. 나는 내가 책임을 져야 하는 직책이 되거나 책임을 져야 하는 일이 생기면, 가끔 옛날 나의 분대장이었던 윤 상병님을 떠올리고는 한다. 그때의 윤 상병님을 떠올리면, 정말 책임감이 얼마나 중요한 것인지 새삼 느낄 수 있게 되기 때문이다.

하지만, 아무리 생각해도 무언가를 책임져야 한다는 것은 아직도 무섭고 두렵기만 하다.

8. 그 외에도
많은 생각을 하게 해 주었던 사람들

군대에는 정말 많은 사람이 있다. 나는 위에서 설명했던 선임들과 후임들 이외에도 수많은 선임과 후임, 더 나아가서 부사관과 장교 등을 보았고, 많은 생각을 하게 되었다.

먼저, 소개해 주고 싶은 사람은 제주도에서 살다가 강원도 인제까지 올라와 끝에서 끝으로 올라왔다는 소리를 들으며 군 생활을 했던 오 일병이다. 오 일병은 자대에 전입을 오자마자 바로 선임과 후임 상관없이 자신과 동갑이면 반말을 쓰고, 자신보다 나이가 많아도 반말 어조를 살짝 섞어서 쓰며 생활했다. 물론 처음에는 군대의 특성상 그것이 좋지 않게 보였으나, 내가 점점 계급이 올라가고 소위 말해서 짬이 찰 때마다, 오 일병의 그러한 모습이 왠지 부러워졌다. 나는 입대 전 사회에 있을 때는 누군가에게 반말하는 것이 어려워 아르바이트를 하면서 나보다 한참 어린 초등학생이 손님으로 와도 존댓말을 썼다. 약 3달 정도 보아도 존댓말을 계속 쓰는 등, 약간은 친밀감이 없는 언어생활을 하고 있었기 때문에 그를 많이 부러워했다. 나중에 전역하고 나서 오 일병을 잠깐 만날 일이 있었는데, 타지에서 택시를 타도 택시기사에게 바로 '삼촌'이라고 하는 등 여전한 모습이었다. 나도 그를 본받기 위해서 노력하는 중이다. 물론 군대에서는 크게 욕을 먹은 오 일병이지만, 그것이 사회에서는 좋은 무기가 될 수 있다는 점은 분명하다.

다음으로 기억에 남는 사람은 권 일병이다. 권 일병은 맞후임이 전입왔을 때 맞후임을 위해 20만 원이라는 거금을 PX에서 쓸 정도로, 우리가 자주 사용하는 말로 하면 거의 '금수저'에 가까운 선임 중의 한 명이었다. 그러나 권 일병이 내 기억에 남는 이유는, 권 일병이 내가 살면서 본 사람 중에 가장 성실했던 사람 중의 한 명이었기 때문이다. 예를 들자면, 권 일병은 GOP에서 순찰을 돌 때, 절대로 대충 순찰을 도는 일이 한 번도 없었다. 늘 성실하게 자기가 맡은 일을 다 하는 모습을 보여 주었다. 나 또한 짬이 차서 상병이나 병장이 되었을 때는 순찰을 대충 돌거나 군 생활을 대충 하는 성격으로 변해 갔는데, 권 일병은 그러한 일이 전혀 없었다. 나는 일병 때 그러한 권 일병의 모습을 많이 보고 권 일병처럼 성실하게 근무를 서겠다고 생각했지만, 역시 나는 그렇게 되지 못했다.

앞서 말했지만, 군대에 가면 정말 다양한 사람들을 보게 되고, 그로 인해 그들에게 배우는 것 또한 정말 다양할 것이다. 정말 배워야 할 점도 있을 것이고, 절대로 닮지 말아야 할 점 또한 있을 것이다. 군대는 전역 후의 삶을 준비하는 작은 사회와 같다고 한다. 그 작은 사회에서 다양한 인간관계 기술을 배우고, 다양한 성격을 본 뒤, 그중에서 배워야 할 점만 배우고 그 배운 것을 전역 후에 사회에서 사용한다면 정말 성공한 군 생활이 아닐까 싶다.

9. 군대 인연은
군대에서 끝나지 않는다

　흔히 전역한 사람들이 하는 말이 있다. "군대 인연은 군대에서 끝난다."라는 말이다. 물론, 이 말에는 어느 정도 동의를 하는 바다. 전역한 지 1년이 지난 이 시점에서 돌이켜 보면 현재 군대에서 만난 인연 중에서 지금도 연락하는 사람은 5명도 채 되지 않기 때문이다. 하지만, 나는 당당하게 주장할 수 있다. 군대 인연은 군대에서 끝나지 않는다.

　지금으로부터 약 3달 전, 갑작스러운 연락을 받게 되었는데, 옛날 내 소대장님이었던 분에게서 온 연락이었다. 그 연락의 내용은 옛날 소대장님이 결혼한다는 내용이었다. 그 연락을 받자마자 나는 소대장님에게 연락하여 꼭 가겠다고 약속했다. 그 뒤, 바로 옛날에 같이 군 생활을 했던 소대원들에게 전화를 돌리기 시작했다. 얼굴을 못 본 지 1년이 지난 선임이나 후임들이었지만 모두가 전화할 때마다 어색한 것 하나 없이 통화하며 같이 이야기해 주었고, 10명이 넘는 인원이 다 같이 결혼식에서 만나자는 이야기를 주고받았다. 뭐, 막상 결혼식 당일에는 소대원이 5명밖에 오지 않았지만, 그래도 그 결혼식에 온 5명의 소대원끼리는 나름대로 즐거워하며 이야기를 주고받고, 피시방에 갔을 때도 정말 어색한 것 하나 없이 서로 즐기며 게임을 했다.

또, 내가 전역하고 얼마 후 집 앞의 카페에 잠시 들리게 되었는데, 그때 익숙한 얼굴을 보게 되었다. 바로 나보다 5개월 정도 앞선 선임이었는데, 내 얼굴을 보자마자 바로 인사를 해 주며, 내가 시킨 커피를 바로 계산해 주는 등 나를 반갑게 맞아 주었다. 물론 서로 같은 지역에 사는 건 알았지만, 비슷한 동네에 살고 있다는 것까지는 모르고 있었기 때문에 더 반가웠다.

최근의 일이다. 대학교 앞을 걸어가는데, 대학교 앞에 옛날에 같이 군 생활을 했던 하사 한 명이 돌아다니고 있었다. 그때 당시 전역하고 얼마 지나지 않았던 시기라 나는 반사적으로 경례를 했고, 그렇게 서로 웃으며 지나갔던 기억도 있다.

이렇게, 군대에서의 인연은 나중에라도 우연적 혹은 필연적으로 다시 이어진다. 물론, 내가 전역한 지 이제 1년이 되어서 정확하게 정의내릴 수는 없겠지만, 내가 여태까지 살아온 바로는 군대의 인연은 군대에서 끝나지 않는다.

나는 대학교 생활이 끝나고 앞으로 여유가 생기면 자전거를 타고 2달 동안 무전여행을 떠날 계획을 세우고 있다. 지갑에는 전국 어디에서나 내가 살던 고향으로 돌아갈 수 있는 돈인 5만 원만 챙긴 뒤에 자전거를 타고 전국을 돌아다닐 계획인데, 나는 이때 경기도에 사는 동기나, 충청도에 사는 선임, 전라도에 사는 선임, 경상도에 사는 후임 등 인맥을 통한 무전여행을 계획하고 있다. 물론 그들에게 처음 이러한 여행을 한다고 말했을 때 모두 긍정적인 답변을 해 주었고, 그 경로 또한 인맥을 통해 만들어졌다.

당연한 말이지만, 군대에서 얻은 인연은 사실 각자 하기 나름으로 그 인연을 이어갈 수 있다. 물론 전역 후 바로 연락을 끊어버릴 수도 있다. 그래도 이왕 군대에서 얻은 소중한 인연, 군대에서 끝내지 말고 그 인연을 잘 이어가서 더 넉넉한 삶을 살았으면 한다.

군대 괴담

'군대 이야기'라고 하면 '훈련'이나 '추위' 혹은 '근무' 등 많은 이야기가 나올 수 있겠지만, 당연히 빠지지 않는 이야기가 하나 있다. 바로 '괴담'이다.

사실 모든 부대에는 괴담이 존재한다. 지금 생활하는 부대가 원래는 공동묘지였다거나, 혹은, 부대 옆의 산이 실은 6.25 전쟁 당시에 전투가 벌어졌던 산이라 밤만 되면 귀신이 튀어나온다든가 하는 흔한 이야기부터, 이 훈련소가 옛날에 삼청교육대였다는 믿지 못할 이야기까지 부대 내에는 정말 다양한 괴담이 존재한다.

오늘 내가 소개해 주려는 괴담은 내가 들은 이야기와 직접 겪은 이야기들을 모은 것이다. 먼저 들은 이야기를 해 보고자 한다.

① 군대에서 들었던 괴담 — GOP 막사 괴담

내가 나온 GOP 부대에서 있었던 일이다. GOP 부대는 소대 단위로 생활을 하는데, 그 막사의 크기가 상당히 작은 편이다. 그래서 소대장과 부소대장이 같이 잠을 자는 막사도 많다. 어느 날 부소대장이 막사에서 잠을 자고 있는데, 뒤에서 누군가 그를 툭툭 건드렸다고 한다.

"아, 누구야?"

부소대장은 그렇게 말하며 뒤를 돌아보았는데, 뒤에서 소대장이 환하게 웃고 있었다고 한다. 소대장을 본 부소대장은 "아, 장난치지 마십시오."라고 말한 뒤에, 다시 잠을 자려고 했다. 그러나 약 3초 뒤에 부소대장은 바로 소리를 지르며 막사를 뛰쳐나갔다.

왜냐하면 소대장은 그때 휴가였기 때문이다.

② 군대에서 들었던 괴담 ― GOP 뚜벅초 괴담

GOP에는 계단이 참 많다. 산들을 깎기에는 너무 힘이 드니, 험한 지역에는 계단이 상상 이상으로 많다. 군 생활을 하다 보면 새벽에 계단을 오르는 경우가 가끔 생긴다. 근무자는 두 명이 근무하므로 계단을 오를 때 발소리는 2개여야 한다. 그런데 내가 있던 부대원들의 증언에 따르면, 가끔 발소리가 2개가 아니라 3개가 들렸다고 한다. 또한, 근무를 서다가 계단 아래에서 발소리가 들려 확인을 하러 나가면 이미 그 발소리는 아래에서 위로 옮겨서 들리는 경우도 종종 있었다고 한다. 부대마다 다르게 부르겠지만, 우리 부대에서는 이 현상을 '뚜벅초'라고 불렀다. 솔직하게 나는 한 번도 '뚜벅초'라는 것을 경험하지 못했지만, 다른 선임들이나 후임들은 모두 경험했다고 한다. 여담으로, 내가 근무를 나갈 때 앞에 선임이 있으면 내가 일부러 발소리를 2번 내서 선임 한 명을 겁먹게 한 적도 있었다. 지금 고백하는 이야기다.

③ 군대에서 들었던 괴담 ― 신발 한 짝 괴담

GOP에는 일반인들이 들어올 수 없다. 만약 들어오더라도 보안 검사를 꼭 받아야 한다. 내가 GOP에서 군 생활을 하던 도중, 내가 있는 막사 근처에서 여자 신발이 한 짝 발견되었다. 처음 이 보고를 들었을 때는 6.25 전쟁 당시의 신발이라고 생각했지만, 그 신발은 만들어진 지 5년도 안 된 신발이었다. 과연 어떤 사람이 GOP에 왔었으며, 왜 신발 한 짝을 버리고 갔는지, 아직도 의문이다.

④ 군대에서 들었던 괴담 — 아기 괴담

GOP에서는 경계를 강화하기 위해서 다양한 방법을 사용한다. 그중 하나는 GOP에 있는 초소를 모두 확인하며 철책의 이상 유무를 확인하는 것인데, 이때는 모든 초소에 들어가 자신이 초소에 들어왔다는 것을 확인하는 일지를 직접 작성해야 한다. 나도 초소에 들어왔다는 일지를 작성했는데, 뭔가 으스스하게 느껴지는 초소가 하나 있었다. 정말 그곳에 갈 때면 항상 누군가가 나를 쳐다보는 느낌이 잔뜩 들었으며, 빨리 나가고 싶다는 느낌만 드는 그런 초소였다. 내가 한 부사관에게 그 초소에 대해 말을 꺼낸 적이 있는데, 그 부사관이 전해준 말이 상당히 충격적이었다. 바로 그 초소에서 몇 년 전에 한 하사가 임신한 아내를 남겨 두고 자살했다는 것이다. 그날이 있고 몇 개월 뒤부터 그 초소 안에서 아기가 우는 소리가 들린다는 보고가 계속 올라왔다. 결국 부대에서는 한동안 그 초소를 폐쇄했다가 지금은 다시 사용한다는 이야기였다. 물론, 그 사실 여부는 확인할 수 없으나, 나는 아직까지 이 이야기를 믿고 있다.

⑤ 내가 직접 겪은 괴담 — 학교 종 귀신

이제 내가 직접 겪은 이야기를 해 주려고 한다. 앞서 내가 '유체 이탈'을 경험했다고 적었는데, 그보다 더 놀랍고 무서운 이야기다. GOP에서 있었던 일이다. GOP에서는 안개로 인하여 시계(視界)가 좋지 않으면 경계를 위하여 고정적으로 근무를 서는 초소가 아닌, 다른 초소를 추가로 운용하는 방식을 사용한다. 나도 잠을 아주 편하게 자고 있다가 갑작스럽게 밤 12시경에 계획에 없던 근무를 한 선임과 같이 나가게 되었다. 그렇게 준비를 마치고 근무를 서면서 앞에 자욱하게 낀 안개를 보며 그 선임과 이러저러한 이야기를 나누는 중이었다. 서로 피곤하고 대화의 소재도 떨어져 조용히 있던 와중에, 어디선가 물방울이 떨어지는 소리가 나기 시작했다. 그런데, 그 물방울이 떨어지는 소리가 그냥 떨어지는 소리가 아니었다. 그 소리는 어떤 음을 이루며 떨어지고 있었다. 그 소리는 아직도 내 머릿속에 생생하게 남아 있다.

똑- 똑-

하며 떨어지는 그 물방울 소리가

〈학교 종이 땡땡땡〉이라는 동요의 음과 동일했다. 나는 너무 무서워서 같이 근무를 서던 선임에게

"에이, 장난치지 마십시오."

라고 말했다. 그런데 그 선임의 얼굴 또한 겁에 질린 표정이었다.

"너도 들었냐?"

선임에게서는 이런 대답이 돌아올 뿐이었다. 우리는 서로 겁에 질린 나머

지 약 3분 정도 아무 말없이 앉아 있었다. 3분이 지나고 난 뒤에 선임이 먼저 말을 꺼냈다.

"주변을 한번 수색해 보자."

그렇게 우리는 초소 주변을 수색했지만, 역시 아무것도 없었다. 그렇게 겁에 질려 있던 도중, 몇 분이 지나서야 다음 근무 교대자들이 오게 되어 겨우 그 상황을 벗어날 수 있었다. 그 뒤로 이 일을 후임들에게 가끔 말해 주곤 했는데 돌아오는 대답은 거짓말하지 말라는 대답뿐이었다. 솔직히, 나도 이게 차라리 꿈이었으면 좋겠다.

V

전역 후 이야기

인생 성공의 열쇠를 찾는
군 생활 비법

이제, 내가 군대에서 해 왔던 모든 것을 지금까지 책에 적은 것으로 군대에 대한 이야기는 잠시 내려놓으려고 한다. 이제는 '전역하고 나서'에 대한 이야기, 누구나 겪을 수밖에 없는 이야기를 해 주려고 한다.

시작이 있으면 끝이 당연히 있다. 그 예로 들기 가장 좋은 것이 바로 군 생활이다. 군 생활의 시작이 있으면 그 끝도 당연히 있다. 처음 군 생활을 시작했을 때에는 모든 것이 막막하지만, 군 생활이 끝나갈 때쯤이면 군 생활에 대한 거의 모든 것을 알게 되고, 그로 인해서 군대에 대한 다양한 지식을 가지게 된다. 하지만 솔직히 말해서 이 지식들은 사회에서 그렇게 쓸모 있게 사용될 만한 지식은 아니라는 점을 꼭 인지하고 전역했으면 좋겠다는 내 개인적인 생각을 말해 주고 싶다.

본론으로 돌아가서, 나는 이 책의 거의 제일 앞부분에서 말했듯이, 이 책을 읽는 그 누구보다 사회적으로나 신체적으로 나은 점이 하나도 없다. 현재의 나는 군대에 입대하기 전처럼 대학생의 신분이다. 신체적으로도 군대에서 키가 0.1㎝도 크지 않아 입대 전과 전혀 다를 바 없다. 그저 자랑할 만한 게 하나 있다면 군대 내에서 했던 자기 계발 활동과, 건강하게 병장으로 전역했다는 점뿐이다.

나는 내가 건강하게 병장으로 전역하고 1년이 지난 지금, 내가 전역 후에 사회에서 생활하면서 느낀 점과 내가 해 왔던 다양한 행동들을 적으려고 한다.

이 5장의 내용은 전역을 얼마 남겨두지 않은 상병이나 병장들이 그 앞 장의 내용은 읽지 않아도 꼭 읽어 보았으면 하는 마음으로 썼다.

1. 입대 전과 같은
생활을 하면 안 된다

입대 전과 같은 생활을 하면 절대 안 된다. 입대 전의 기억을 한 번 떠올려 보자. 나를 기준으로 이야기하면 3년 전인데, 그때 나는 매일 11시에 일어나고, 아침밥을 전혀 먹지 않고, 운동은 시간이 없다는 핑계로 아예 할 생각조차 없었고, 매일 밤마다 게임을 4시간에서 많게는 6시간까지 하며 생활했다.

나는 전역하자마자, 이러한 입대 전 나의 생활이 생각나서 나름대로 계획을 세웠다. 가장 먼저, 전역한 인원 10명 중 9명이 계획한다는 '일찍 일어나기'부터 계획했다. 군대에서 매일 6시에 일어나던 습관을 평생 가지고 가고 싶었기 때문이었다. 하지만, 결론부터 말하자면 이 계획은 실패했다. 요즘은 학교에 다니면서도 등교 30분 전에 일어나는 일이 잦다고 고백하고 넘어가고자 한다.

그리고 나는 전역한 바로 다음 날부터 아르바이트를 시작했다. 부모님은 내가 전역하고 난 뒤에 적어도 한 달 정도는 쉬길 바라셨지만, 나는 내가 일을 하지 않으면 입대 전과 똑같은 일상을 보낼 것이라고 생각했다. 그래서 바로 아르바이트를 시작하기로 계획했고, 정말 바로 전역 다음 날부터 하루에 6시간 정도씩 일하는 아르바이트를 시작했다. 여담으로, 전역한 뒤에도 여자 친구가 없어 주말에도 아르바이트를 시작했다. 어쨌든, 그래서 나는 아르바이트를 주말도 없이 매일 계속했다. 이렇게 일주일 내내 아르바이트만 해서 현재도 여자 친구가 없다는 작은 변명을 하고 넘어가도록 하겠다.

그리고 또 다른 계획은, 입대 전에는 항상 매일 했던 게임을 줄이려는 계획이었다. 나는 정말 입대 전에는 게임에 미쳐 살았다고 할 정도로 게임을 엄청나게 많이 했다. 그 예로 들자면, 요즘 사람들이 많이 하는 '리그 오브 레전드'라는 게임이 있다. 나 역시 이 게임을 많이 했는데, 내가 입대 전에 이 게임을 얼마나 많이 했냐면 하루에 12연패를 한 적이 있을 정도다. 이 '리그 오브 레전드'는 한 판당 대략 20분에서 40분가량 소요되는 게임이다. 이러한 게임을 내리 12판을 했다고 생각하면, 정말 게임에 미쳐 살았다고 해도 과하지 않은 것이다. 나는 이러한 습관을 고치기 위해서 많이 노력했으며, 게임도 끊기로 했다. 하지만, 게임은 역시 중독성이 강했기 때문에, 처음에 게임을 단호하게 끊는 것은 매우 어려웠다. 점점 입대 전의 그 모습이 보이기 시작했다. 그래서 나는 다른 방법을 쓰기로 했다. 게임을 하되, 그 게임의 다양한 캐릭터 중에서 딱 하나만 하는 것으로 방향을 잡았다. 수십 가지의 캐릭터 중에서 딱 하나의 캐릭터만 골라 하루에 5시간에서 6시간 정도 게임을 하면 정말 게임이 질리기 시작한다. 그렇게 점점 게임을 하는 시간이 줄어들다가, 요즘 들어서는 게임에 대한 흥미를 잃어 딱히 게임을 하지 않고 있다. 만약 게임을 끊어 보고 싶다면, 이 방법을 한번 시도해 보는 것을 추천한다. 대신, 정말 양심을 가지고 한 캐릭터만 해야 한다는 것을 잊지 말자.

마지막으로, 나는 입대 전에는 대략 한 달에 한 권 정도의 책을 읽었다. 그러나 군대에 입대한 이후로는 거의 일주일에 한 권 정도의 책을 읽었다. 그래서 많은 욕심을 가지고 계획을 세웠다. 전역 후에는 한 달에 4권의 책을 읽어 보자고 다짐하게 되었고, 그 계획을 실행에 옮기려고 하였다. 하지만, 앞서 말했듯이 아르바이트를 하느라 시간이 별로 없었고, 전역 초기에는 게임에 빠져 있어서 책에 대한 흥미 또한 매우 떨어지는 상황이었다. 그렇게 지내다 보니 한 달가량이 지나도 책을 한 권도 읽지 않는 상황까지 벌어졌다. 나는 그 처참한 결과를 보고 난 뒤에 생각을 바꿔 보기로 했다. 그전에는 책을 읽을 때마다 집 주변 도서관에 가서 책을 빌려 읽는 방식을 주로 했는데, 이러한 방식으로 책을 구하면 상대적으로 책에 대한 별다른 흥미를 느끼지 못한다는 사실을 깨닫게 되었다. 그래서 내가 한 행동은, 도서관이 아닌 집 근처 서점에 가서 책을 8만 원어치나 구입한 것이었다. 책을 구입했다는 사실부터 머릿속에 인식시켰다. 이 책들을 내가 아르바이트를 해서 힘들게 번 돈으로 샀다는 인식을 머릿속에 새기고 책들을 다시 바라보니, 책을 꼭 읽어야 한다는 나름의 강박증과 같은 것이 생기게 되어 자연스럽게 책을 다시 읽게 되었다. 물론, 이런 식으로 책을 사서 읽는 방법은 딱히 추천하고 싶지는 않지만, 꼭 책을 읽고 싶다면 한 번쯤은 해 보는 것도 좋다고 생각한다.

나는 항상 군대에 있었을 때, '군대를 전역하면 입대 전보다 더 열심히 살아야지'라는 생각을 꾸준히 하면서 군 생활에 임했다. 근무를 서면서 잠시 생각에 잠길 때, 자기 전에 침상에 누웠을 때, 불침번을 서면서 등 거의 하루도 빼놓지 않고 매일같이 생각했다. 이러한 생각은 결국 전역했을 때 나를 이끌어 주었다. 결론적으로는 정말 입대 전과는 다른 생활을 하게 해 주었다. 물론 나는 아직 전역한 지 1년밖에 되지 않았다. 물론 1년이라는 시간은 군대에서 생활한 시간의 반 정도밖에 되지 않기 때문에, 내가 군대에 입대하기 전과 완전히 달라졌다고는 할 수 없다. 그래도 현재까지는 나는 자신감을 가지고 입대 전과 지금의 나는 달라졌다고 당당하게 말할 수 있다.

우리는 군대에 있는 시간보다 사회에 있는 시간이 많다는 것을 누구보다 잘 알고 있다. 아마 이 말은 누구나 한 번쯤 생각해 보았을 것이다. 입대 전의 잘못된 생활을 교정하는 곳이 바로 군대다. 그 결과는 바로 전역 후에 드러난다. 그 결과를 위해 먼저 계획을 꼼꼼히 세우고, 그 목표를 이루기 위해서 다양한 노력을 하길 바란다. 나와 같이 직접 돈을 사용해도 좋다. 본인이 세운 계획을 자신만의 방법으로 꾸준히 달성하여, 입대 전과는 확실히 달라졌다는 것을 느끼고 그 생활을 유지하길 바란다.

2. 전역 후의 생활을
기대하지는 마라

군 생활을 하는 중이라면, 사회와 관련된 많은 긍정적, 부정적인 생각을 복합적으로 하게 된다. 이 비율을 대충 따져 보면, 긍정적인 생각이 훨씬 많을 것이다. 2시간이라는 긴 시간 동안 근무를 서면서 '이 군 생활이 끝나면 여자 친구가 생기겠지'나 '나를 바라보는 시선이 달라지겠지' 등의 긍정적인 생각들이 그것이다.

하지만, 막상 전역하고 사회에 나오면, 그 긍정적인 생각들에 대한 기대는 하지 않는 것이 좋다. 내가 실패했다고 지금 책을 읽는 사람들을 저주하는 것이 아니라, 사실이 그렇다.

우리는 살면서 군대와 관련된 많은 이야기를 자주 듣는데, 그중 하나가 '군필자'에 대한 대우다. 입대하기 전에는, '얼른 전역하고 군 필자가 되면 후배들이랑 이야기하면서 여자 친구나 만들어야지'라는 생각이 머릿속에 가득 차 있지만, 사실 입대 전에 여자들에게 인기가 없으면 전역을 해서도 그게 그거다. 입대하지 않았거나 입대가 한 달밖에 남지 않은 잘생긴 다른 남자에게 밀릴 것이다. 암울하지만, 사실이다. 또한, 입대 전에 아르바이트를 하기 위해 여러 가게에 들려 본 사람들이라면 '군필자 우대'라는 직원 모집 광고를 본 적이 있을 것이다. 사실 이 광고를 붙여놓은 가게라 해도 급하면 결국 선착순으로 뽑기 때문에, '군필자'에 대한 예우는 그다지 없다.

또한, '군필자가 되면 나를 바라보는 시선이 달라지겠지'라는 생각을 하기도 하는데, 이 역시 별다를 것이 없다. '군필자'라고 예우를 받을 수 있는 것은 그저 군대에 가지 않은 후배들과 술자리에 가서 군대 얘기를 하는 것 외에는 아무것도 없다.

군대를 전역하고 사회에 막 나오게 되면, 긍정적인 생각들로 머릿속이 가득 차게 된다. 하지만, 그 생각들은 점점 부정적인 생각들로 가득 차게 될 것이다. 가끔 친구들과 술자리에서 군대에 관해 이야기하면 "차라리 부사관을 할걸 그랬어."라고 말하는 친구들도 의외로 많이 보인다.

그렇다고 사회에 나오지 말라는 말이 아니고, 사회에 나오는 것을 부정적으로 생각하지 말라는 뜻도 아니다. 그저, 전역하고 나서 사회에 대한 기대를 많이 하지 않기를 바란다는 것을 알려주고 싶다.

3. 새로운 것에
도전해라

앞에서는 암울한 얘기만 했으니, 이제는 화제도 전환할 겸 밝은 이야기를 하려고 한다. 앞서 말했듯이, 전역하고 나서 약 한 달 정도는 '군필자'라는 것에 만족하고 사회에서 신나게 놀겠지만, 그 이후에는 복학하거나 복학 시기가 맞지 않아 돈을 벌기 위해 일을 하러 가는 등 많은 이유로 시간이 없게 된다. 그리고 그로 인해 군대에서 열심히 자기 계발을 해서 몸에 익었던 것들은 전부 서서히 사라져 버린다. 그리고 점점 몸에 기운도 없어지고, 군대가 그립다는 생각까지 절로 나게 된다. 물론, 나 또한 이러한 생각에 많이 빠져 있었다. 나는 복학 시기가 맞지 않아 약 5개월 가량 아르바이트를 하면서 지냈는데, 일주일 내내 아르바이트를 하고, 매일 시간을 내 헬스장에 다니며 운동을 하고, 도서관에 가서 책을 읽어야 한다는 강박증에 빠져 정말 매일매일 자유 시간이 없을 정도로 빡빡하게 생활하면서 시간을 보냈다.

그렇게 매일 반복되는 삶에 지쳐 갈 때쯤, 무언가 새로운 일을 해 보고 싶다는 생각이 불현듯 들었다. 나는 그날 아르바이트가 끝나고 집에 와서, 내가 생각했던 새로운 일 중에서 현실적으로 할 수 있는 것과 현실적으로 불가능한 일들을 목록으로 만들어 분류해 보았다.

나는 사실, 사회에서 '또라이'라는 별명을 가지고 있을 만큼 다른 사람들이 생각하기에는 어려운 생각을 하고는 했다. 이때도 '마리아나 해구 가보기', '하루에 의미 없는 일에 50만 원 써 보기' 등과 같이, 남들이 생각했을 때 정말 이상하다고 생각할 만한 일들을 생각해 냈으며, 그중에서 그나마 현실적으로 할 수 있는 일들을 정리해 보았다.

목록에는 주로 다음과 같은 내용이 들어갔다. 내가 군 생활을 할 때, 사이버 지식 정보방에서 일주일에 한 번 정도 인터넷 소설을 직접 쓰던 선임이 있었다. 그걸 보고 나서 내가 계획한 '인터넷 소설 써보기'와, 내가 군대에 있을 때 읽은 책에서 모티브를 받아 한번 해 보고 싶었던 '두 달 동안 자전거 타고 무전여행', 그리고 〈심슨네 가족들(The Simpsons)〉이라는 애니메이션을 보고 우연히 알게 된 '장기 기증 신청하기', 마지막으로 '군 생활 동안 내가 겪었던 일들을 책으로 써 보기' 등 많은 현실적인 계획들이 나오게 되었다.

나는, 그날 이후로 바로 이 계획들을 하나하나 실천하기로 마음을 먹었다. 내가 '이 계획들을 한번 다 이뤄 보자'라고 마음먹고 나니, 내 생활에 여유 시간들이 보이기 시작했다. 솔직하게 말하면 나는 전역하고 나서 일이 끝나고 집에 돌아오면 TV를 시청

하거나 게임을 몇 판씩 하고는 했는데, 계획을 세우면서 그동안 내가 '시간이 없다'라는 핑계를 대고 있었다는 것을 깨달았다.

일단 '인터넷 소설 써 보기'를 먼저 실행에 옮겼다. 첫 작품인 데 비하여 조회 수가 꽤 높고 사람들의 댓글 또한 여러 개 달려서 기분 좋게 쓰던 도중, 다른 인기 작품들에 밀리기 시작하여 더 이상 써도 진전이 없을 것이라 생각하고 도전을 했다는 것에 의의를 두고 그만두기로 결정했다. 그리고 다음으로 계획했던 것은 두 달 동안 자전거를 타고 무전여행을 가는 것이었다. 이것은 아직도 계획 중으로, 대학교를 졸업한 다음 날, 중고로 자전거를 한 대 사서 바로 출발할 것이다.

그다음으로 계획한 것은 '장기 기증 신청하기'다. '장기 기증'을 신청하려면 먼저 운전면허가 필요하다는 것을 알게 되었다. 하지만, 나는 당시 운전면허가 없어서 운전면허 시험을 보러 가게 되었는데, 그 당시가 하필이면 쉬웠던 시험이 어려운 시험으로 바뀌기 1주 전이었다. 이왕 이렇게 된 거 운전면허도 쉽게 따고 장기 기증도 빨리 신청하자는 생각에 바로 운전면허도 취득했고, 목표도 빠르게 달성할 수 있었다. 그리고 '군대에서 내가 겪었던 일에 대해 책 쓰기'라는 목표는 현재 진행형이다.

운동선수들은 운동하는 도중에 종종 슬럼프에 빠지게 된다. 그 슬럼프의 깊이는 서로 제각각이겠지만, 군대 전역자도 이와 똑같다. 누구나 군대를 전역했다는 달콤한 기분을 맛본 뒤에는 슬럼프와 비슷한 심리 상태를 맞이하게 된다. 일상에 힘이 없고 군대 생각이 나는 등 몸에 힘이 빠지게 되는 것이다. 이럴 때 군 생활에서의 계획이 아닌, 사회에서의 새롭고 재밌는 계획을 세워서 그 계획을 달성하기 위해 노력한다면 쉽게 사회생활에서 적응할 수 있을 것이다.

4. 힘들 때는
지난 시간을 되돌아보자

　전역한 뒤에 사회생활을 하면서 너무 바쁜 생활을 하는 나머지, 무언가를 계획할 시간이 없는 사람도 분명히 있으리라 생각한다. 내가 군대에 있을 때, 먼저 전역한 선임 중 한 명은 집안이 좋지 않아 학비를 스스로 벌어서 충당해야 했기 때문에 매일 일만 하느라 바빴고 정말 하루에 10분도 만날 시간이 없을 정도였다.

　또한, 내 주변 친구 중에서도 다른 지역에 있는 공장에 들어가 일하고 한 달에 하루 정도만 고향으로 내려오는 친구들도 여럿 있다. 또 한 명의 친구는 대학교에 다니는데, 방학 동안에도 대학교에 다녀 정말 석 달에 한 번 정도 얼굴을 볼까 말까 한 친구도 있다. 이렇게 다양한 이유로 시간이 정말 없는 사람들도 꽤 있다.

　전역하고 난 뒤, 사회에서 무언가를 계획할 수 없는 상황 속에서 몸이 피로해져 결국 슬럼프와 같은 기분을 느끼게 될 확률이 매우 높다. 당사자들에게 직접 들어 보면 "왜 이렇게까지 살아야 하나 싶다." 등이나 "진짜 피곤해 죽겠다." 등과 같은 이야기를 한다. 하지만, 결국 대화의 끝은 같다. '군대도 버텼는데 이걸 못 버티겠냐'로 끝난다. 물론, 내 주변 친구들은 나처럼 전역한 지 몇 개월 되지 않아 이런 생각을 하고 있을지도 모르지만, 사실 전역을 한 사람들에게 "군대도 버텼는데"와 같은 말은 자신의 입에도 매우 익숙한 말이다.

우리는 어떤 힘겨운 일을 할 때, 그전에 했었던 힘겨운 일을 한 번 되돌아보게 된다. 군대를 예로 들어 보자면, 혹한기 훈련을 할 때는 저번 여름에 했던 유격 훈련을 떠올리면서 '유격도 했는데 이걸 못하겠냐'라는 생각으로 훈련에 들어가고, 그다음 해의 유격훈련 때는 '혹한기 훈련도 했는데 이걸 못하겠냐'라는 식으로 힘겨웠던 일을 떠올리는 것이다.

나도 가끔 사회생활이 힘들 때면, 군 생활을 다시 한번 돌아보고는 한다. 나는 주로 2015년 8월 20일에 있었던 목함 지뢰 사건을 떠올리고는 하는데, 그 일이 있었던 당시에 나는 GOP에서 군 생활을 하고 있었다. 그 사건이 발생하자마자 나는 부대원들과 한 번 근무를 설 때 2시간 정도를 서던 예전의 근무 방식에서 한 번 근무를 설 때 8시간 정도의 근무를 서게 되었으며, 잠을 잘 때도 방탄 헬멧을 쓰고 자고, 매일 밥을 먹으러 갈 때도 방독면을 항상 휴대하고 개인 화기 또한 휴대하고 다니는 등 정말 힘들었던 군 생활을 며칠 동안이나 했다. 이러한 근무 때문에 누군가는 피곤함에 지쳐 구토도 했으며, 모두가 매일 불안감에 휩싸여 지냈다. 이처럼 사회생활 하며 정말 힘들 때 군대에서 있었던 힘들었던 시간을 생각하면, 그 시간에 비해서 사회생활은 약과라는 생각을 하게 되고, 잘 풀어나갈 수 있게 된다.

군대에 진짜로 존재하는 사람들

군대에는 정말 다양한 사람들이 있다. 이 책의 마지막 스페셜에서는 그 다양한 사람들에 대해서 한번 이야기해 보려고 한다.

먼저, 정말 과하다 싶을 정도로 후임을 챙기는 선임이 있다. 후임을 챙긴다는 취지는 정말 좋지만, 그것도 과하면 문제가 된다. 그 예로 내가 전입을 왔을 때, 다음날 휴가를 나가기로 한 선임이 "너 필요한 거 혹시 뭐 있어?"라고 나에게 물어본 적이 있다. 나는 필요한 것이 없다고 예의를 차린 끝에 결국 "생활관 내에서 사용할 물컵과 숟가락, 젓가락이 필요합니다."라고 대답했다. 하지만, 이 말이 큰 재앙을 불러일으킬 줄은 아무도 몰랐다. 그 선임은 내 말을 듣고 본인의 수첩에 물통과 숟가락, 젓가락이라고 적은 뒤 다음날 휴가를 나갔다. 그리고 휴가에서 복귀하였을 때, 그 선임이 가지고 들어 온 것은 큰 물통 6개와 수저 6세트였다. 그 선임이 복귀했을 때 나는 이미 숟가락을 보급받은 상태였다. 또한, 군대 내에서는 젓가락을 사용할 수 없기 때문에 그 선임은 그날 간부들에게 엄청나게 혼났다고 한다.

그리고, 부대에 큰 영향을 주는 선임들도 있었다. 그 예로, 한 선임이 PX를 관리하던 도중에 자신이 집에서 가져온 USB를 PX 내의 컴퓨터에 꽂는 사태가 있었다. 정말 그가 그 USB를 컴퓨터에 꽂자마자 바로 기무부대에서 자대로 연락이 왔다. 그날 부대는 발칵 뒤집어졌고, 그 선임은 징계를 받게 되었다고 한다. 그 선임의 말로는 집에서 읽던 책을 USB에 담아 왔는데, 그것을 읽으려다가 이런 사태가 발생한 것이라고 했다. 이 책을 읽는 사람 중에 부대에 USB를 반입하려고 하는 사람이 있다면, 절대 하지 마라. 정말 5초 안에 기무사령부에서 전화가 오고 부대가 뒤집어질 만한 일이다.

그리고 정말 씻지 않는 선임도 있었다. 군대에서는 샤워하는 시간이 정해져 있는데, 샤워 시간에는 많은 선임과 후임들을 만나게 된다. 그런데, 어떠한 시간대에도 보이지 않는 선임이 한 명 있었다. 그 선임을 보며 '저 선임은 언제 씻는 걸까?'라는 생각을 했다. 점점 시간이 지나 내가 상병이 되었을 때, 한번 그에게 직접 물어보게 되었다. 그런데 돌아오는 답은 "군대에서는 잘 안 씻어."라는 대답이었다. 그 선임은 정말 일주일에 한 번 정도 샤워를 할까 말까 하는 선임이었는데, 그럼에도 불구하고 피부는 부대 내에서 가장 좋고 제일 하얀 피부를 유지하고 있었다. 그가 어떻게 그런 피부를 유지했는지는 정말 지금 생각해도 미스터리다.

그다음으로 소개할 선임은, 소위 말해 짬에 취해 있는 선임이었다. 군대에 있으면 '짬'이라는 게 생긴다. 쉽게 설명하자면, '짬'이란 군대에서 있었던 세월의 시간이라고 생각하면 될 것이다. 내가 생활관에서 화장실을 가기 위해 나서는데, 한 선임이 나와 마주치더니 한마디 했다.

"오늘 나랑 마주치지 마라. 짜증 나니까. 다 꼬투리 잡아서 욕할 거니까."

나는 솔직히 이 말을 듣고 정말 어이가 없었지만, 그러려니 하고 넘어갔다. 군대에는 이러한 사람이 꽤 많기 때문이다.

마지막으로, 정말 군대에 있을 법한 선임 유형 중 하나를 소개하려고 한다. 앞서 이야기했던 선임들은 어디를 가도 충분히 있을 법한 선임들이지만, 내가 지금 소개하려고 하는 선임이 만약 부대 내에 존재한다면 꼭 신고하길 바란다. 마지막으로 소개할 선임은, 바로 '성 군기 위반'을 하는 선임이다. '성 군기'란 쉽게 말하면, 사회에서는 '성희롱'과 같다고 생각하면 된다. 내가 9박 10일이라는 긴 휴가를 갔다가 돌아오니 한 명의 소대원이 소대에 추가되어 있었다. 나는 처음에 그 사람이 새로 들어온 후임인 줄 알았으나, 그는 나보다 한 달 앞선 선임이었고, 다른 부대로부터 넘어오게 되었다는 이야기를 들었다. 나는 인사를 하려고 했으나, 다른 소대원들이 이상한 눈치를 주고, 나에게 와서 "쟤랑 가까이 있지 마."라는 등의 말을 하기도 했다. 나는 이러한 말을 듣고 그 선임이 어떠한 행동을 하는지 궁금해서 관찰해 보았는데, 그의 행동은 실로 충격적이었다. 매일 후임의 무릎에 누워서 허벅지를 쓰다듬거나, 후임이 싫어하는데도 불구하고 그와 어깨동무를 하며 천천히 다가와서 손을 잡는 등, 이해할 수 없는 행동을 하는 것이었다. 솔직히 말하면, 그러한 행동을 하면서, 군 생활을 잘하는 것도 아니었다. 하루에 3번 정도씩 꼭 의무대를 다녀오기 일쑤였고, 무언가를 시켜도 그 결과가 영 좋지 못했다. 그로 인하여 그는 점점 소대원들 사이에서 소외되었다. 그렇게 그가 점점 소외될 때쯤, 또 하나의 사건이 발생하고야 말았다. 소대원들이 자신의 신체적 접촉을 받아주지 않자, 의무대에 있는 의무병들에게 찾아가 매일 같이 무릎에 눕고, 손을 잡고, 허벅지를 만지는 등의 행동을 한 끝에 결국 화가 난 의무병이 그를 대대장님에게 신고해 버린 것이다. 결국, 그날 그 선임은 바로 징계 조치를 받게 되었는데, 하필이면 내가 그 선임이 속해있는 분대의 부분대장이었다. 자신보다 계급이 높은 분대장에게 다가갈 수 없었던 그 선임은 나에게 계속 상담하기 시작했다. 나는 그 선임이 나에게 상담을 계속 요청하여 '아, 그래도 이 선임이 마음을 바로잡고 소대원들과 가까워지려고 하는구나'라는 생각으로 상담에 응하였는데, 상담에서 그가 내뱉은 첫 말은 "내가 왜 징계를 받았는지 모르겠다."였다. 나는 "뭐 때문에 징계를 받으셨습니까?"라고 모르는 척 한번 물어보았다. 하지만 돌아오는 그의 대답은 자신이 의무대에 자주 가서 의무병들과 친해졌고, 친해진 의무병들과 손잡고 무릎에 눕고 했는데, 그것은 자신만의 친근함의 표현이라는 대답이었다. 즉, 자신이 한 행동들을 전부 알고 있지만, 그것이 잘못되지는 않았다는 생각을 하고 있었던 것이다. 이 상담이 끝나고 나서 나는 바로 위에 이 내용을 보고했고, 결국 그 선임은 소대장님이 1:1로 관리하는 사람이 되었다. 그 일이 있고 몇 달 뒤에 GOP에 올라갈 때 그 선임은 GOP에 올라가지 못하였고, 내가 전역을 하기 몇 주 전에 그에 관한 이야기를 듣게 되었다. 그 선임은 그때의 일로 인하여 영창을 갔다고 한다.

정말 군대에는 다양한 사람이 있고, 어떻게 보면 무서운 사람도 있다. 만약 위와 같은 선임이 있다면, 꼭 참지 말고 윗선에 보고하길 바란다.

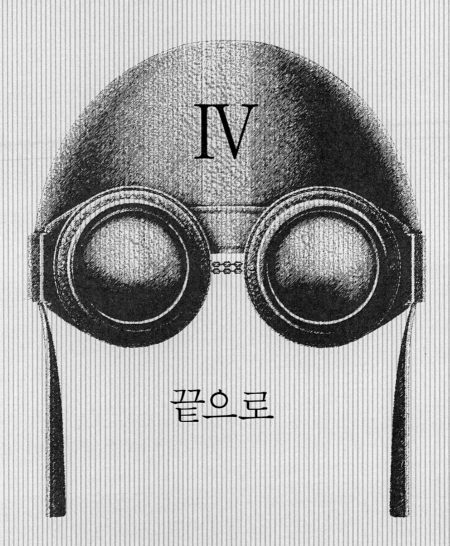

IV

끝으로

인생 성공의 열쇠를 찾는
군 생활 비법

지금으로부터 몇 년 전, 중학교에 다니고 있을 때만 해도 나는 학교에서 시험을 아무리 못 봐도 중상위권에 들어갈 정도로 공부를 못하는 편은 아니었다. 고등학교에 들어갈 때도, 나름 내가 사는 지역 내에서 공부를 잘하는 편인 고등학교에 시험을 쳐서 들어갔다. 그렇게 고등학교에 들어가 시간이 흘러 첫 번째 중간고사를 보게 되었다. 첫 번째 중간고사에서 수학 시험을 보고 나서 많은 친구가 나에게 와서 문제의 정답을 물어보았고, 나는 풀이 과정도 쓰면서 그들에게 답을 알려주었다. 그러나 성적이 나오는 날에 나는 내 수학 점수에 너무 당황했다. 내 수학 점수는 무려 17.2점이었다. 다른 과목은 나름대로 괜찮았는데, 수학이 문제라는 생각이 들었다. 그래서 나는 그다음 시험에서는 수학 점수 100점을 맞자는 결심을 가지고 공부를 시작했고, 수학 익힘책과 다양한 문제집을 3번씩 풀며 기말고사 시험을 준비했다. 수학 익힘책에 있는 모든 수학 문제를 풀 수 있어 내심 100점을 기대했던 나에게 돌아온 점수는 18점이었다. 정말 공부했다는 것이 억울하다는 생각밖에 들지 않았다. 게다가 수학에만 집중한 나머지, 다른 과목들도 점수가 떨어져 버렸다. 그렇게 나는 다른 학생들과 다르게 고등학교 1학년 1학기가 끝나자마자 공부를 포기해 버렸다. 공부는 나와 맞지 않는다고 생각해 버렸기 때문이다.

그렇게 공부를 포기한 나는, 1학년 2학기 때부터는 공부를 일절 하지 않고, 아무 계획 없이 읽고 싶은 책을 읽기 시작했다. 공부를 포기한 나머지, 수업 시간에도 책을 읽고 틈만 나면 책을 읽어 거의 이틀에 한 권꼴로 책을 읽게 되었다. 그렇게 책을 읽다 보니, 점점 생각하는 깊이가 남들과 다르게 깊어졌다. 공부는 못하지만 다른 쪽으로 머리가 돌아가기 시작한 것이다. 그렇게 1학년 때는 내리 책을 읽다가, 2학년이 되자 나는 공부를 하지 않고 대학교에 갈 수 있는 '입학사정관제'에 관심을 기울이게 되었다. 그래서 2학년 때는 공부를 더 하지 않고, 위안부 할머니를 만나서 이야기를 듣고 오거나, 동북공정을 알리는 시위 등을 하면서 고등학교 시절을 보냈다. 그렇게 남들이 하지 않는 길을 가던 나는 고등학교 3학년 때는 나름 내 성적으로는 절대로 상상할 수 없는 대학교에 지원하고 수시를 붙게 되어 모두를 놀라게 하였다. 그러나 최종 합격은 하지 못했다. 그렇게 나는 내 성적으로 갈 수 있는 대학교에 가게 되었고, 1년 후에는 입대를 하게 되었다. 처음에 군대에서 자기 계발을 하고자 생각하고 '공부'를 하려고 책을 다시 잡았을 때는 많은 생각을 했다. '내가 만약 그때 공부를 포기하지 않았더라면 내 생활은 달라졌을까?'와 같은 생각들 말이다. 지금도 살면서 저런 생각을 하고는 하는데, 그래도 누군가가 나에게 다시 돌아가게 해 준다고 해도 나는 돌아갈 생각이 없다. 왜냐하면 나는 공부 대신 다른 활동을 하면서 다른 세상에 눈을 떴고, 그 뜬 눈으로 남들과는 다른 곳을 향해 가고 있기 때문이다. 내가 만약 남들과 똑같이 공부했다면, 아마 나는 이 책을 쓴다는 것 자체를 계획도 하지 못하고 상상조차 하지 못했을 것이다. 또한, 군대에서 그렇게 공부에 대해서 생각하지도 않았을 것이며, 사람을 대하는 태도도 달라졌을 것이고, 무언가를 바라보는 시선 또한 지금과는 많이 달랐을 것이다.

만약 이 책이 정말 사회에 나오게 된다면, 내 주변 사람은 많이 놀랄 것이다. 수학 시험에서 항상 9등급을 맞던 놈이 갑자기 책을 써서 출판했다니. 이러저러한 이야기가 많이 나오겠지만, 나는 남들과 다른 길을 걸어가고 있을 뿐이라고 말해 주고 싶다. 그리고 나는 아직 젊은 나이이며, 아직도 내 계획은 엄청나게 많다. 그 계획들로 나만의 길을 계속 걸어가서 마지막에는 모두를 놀라게 할 것이다.

이 책을 읽는 사람들에게도 전하고 싶다. 모두가 가려고 하는 길이 아니라, 다른 길로 가 보는 것도 괜찮다고 말이다. '학생은 공부해야 한다'라는 관념을 집어 던진 나는 책을 쓰기로 계획하고, 주식 투자 공부를 하면서 돈을 벌고 있으며, 정말 만족하는 삶을 살고 있다. 모두가 가는 길옆에 작은 길이 있다면 그 길을 가는 것을 두려워하지 않았으면 좋겠다. 사람들이 가지 않으니 낭떠러지일 수도 있지만, 조금만 점프를 한다면 그 길이 지름길이 될 수도 있기 때문이다. 꼭 자신만의 길을 가기를 바란다.

이 책을 쓸 때 도움을 준 많은 사람에게 감사 인사를 하며 이 책의 마지막 점을 찍도록 하겠다.